SAĞLIKLI BİR KİLİSE NEDİR?

KARANLIKTAN
IŞIĞA YAYINLARI

KARANLIKTAN
IŞIĞA YAYINLARI

Davutpaşa Cad. Kazım Dinçol San. Sit.
No: 81/87 Topkapı, İstanbul – Türkiye
info@karanliktanisiga.com
www.karanliktanisiga.com
www.9marks.org
Tel: (0212) 567 89 93

Kitap: Sağlıklı Bir Kilise Nedir?
Özgün Adı: What Is a Healthy Church?
Yazar: Mark Dever
Çevirmen: Ali Can Demir

Bu kitabın düzeltme işlemleri Karanlıktan Işığa Yayınları tarafından yapılmıştır.

9Marks ISBN: 978-1-955768-33-7
T.C. Kültür ve Turizm Bakanlığı Sertifika No: 16231

Bu kitabın her türlü yayın hakkı saklıdır. Kitabın hiçbir bölümü makalelerde kullanmak üzere yapılan kısa alıntılar haricinde hiçbir şekilde izinsiz olarak kullanılamaz veya çoğaltılamaz. Bu doğrultuda herhangi bir istekte bulunmak isteyen şahıslar, yayıncıya başvurmalıdırlar.

Bu kitapta kullanılan tüm Kutsal Kitap ayetleri, aksi belirtilmedikçe, Kutsal Kitap Türkçe Yeni Çeviri'sinden alınmıştır. Eski Antlaşma © 2001, 2009 Kitab-ı Mukaddes Şirketi; Yeni Antlaşma © 1987, 1994, 2001, 2009 Yeni Yaşam Yayınları. Tüm yayın hakları saklıdır ve izin ile kullanılmıştır.

Baskı: Anadolu Ofset – Tel: (0212) 567 89 92
Davutpaşa Cad. Kazım Dinçol San. Sit.
No: 81/87 Topkapı, İstanbul – Türkiye
Şubat 2021

MARK DEVER

İÇİNDEKİLER

Önsöz: Bir Benzetme   9
Giriş: Bir Kilisede Aradığınız Nedir?   13

1. KISIM: SAĞLIKLI BİR KİLİSE NEDİR?

1. Hristiyanlığınız ve Kiliseniz   21
2. Bir Kilise Nedir... Ve Ne Değildir?   33
3. Her Kilisenin Olmayı İstemesi Gereken Şey: Sağlıklı Olmak   39
4. Nasıl Yapılır Rehberi: Tanrı'nın Karakterini Nasıl Yansıtırız?   49

2. KISIM: SAĞLIKLI BİR KİLİSENİN TEMEL İŞARETLERİ

5. Sağlıklı Bir Kilisenin Temel İşaretlerinden Biri: Açıklayıcı Vaaz   63
6. Sağlıklı Bir Kilisenin Temel İşaretlerinden Biri: Kutsal Kitap Teolojisi   69
7. Sağlıklı Bir Kilisenin Temel İşaretlerinden Biri: Kutsal Kitap'a Dayalı İyi Haber Anlayışı   75

3. KISIM: SAĞLIKLI BİR KİLİSENİN ÖNEMLİ İŞARETLERİ

8. Sağlıklı Bir Kilisenin Temel İşaretlerinden Biri: Kutsal Kitap'a Dayalı Mesih'e Dönme Anlayışı   85
9. Sağlıklı Bir Kilisenin Temel İşaretlerinden Biri: Kutsal Kitap'a Dayalı Müjdeleme Anlayışı   91

10. Sağlıklı Bir Kilisenin Temel İşaretlerinden Biri:
    Kutsal Kitap'a Dayalı Üyelik Anlayışı ... 95
11. Sağlıklı Bir Kilisenin Temel İşaretlerinden Biri:
    Kutsal Kitap'a Dayalı Kilise Disiplini ... 103
12. Sağlıklı Bir Kilisenin Temel İşaretlerinden Biri:
    Kutsal Kitap'a Dayalı Öğrenci Yetiştirme ve Büyüme ... 109
13. Sağlıklı Bir Kilisenin Temel İşaretlerinden Biri:
    Kutsal Kitap'a Dayalı Kilise Önderliği ... 115
14. Sonuç: Teoriden Uygulamaya ... 123
    Ek Bölüm: Sağlıklı Bir Kilise Antlaşması Örneği ... 127
    Özel Teşekkürler ... 129

Tanıdığım şu sadık pastörler için
Tanrı'ya şükrediyorum:
HAROLD PURDY
WALLY THOMAS
ED HENEGAR

ÖNSÖZ: BİR BENZETME

Tanrı bedenin her üyesini dilediği biçimde bedene yerleştirmiştir. Eğer hepsi bir tek üye olsaydı, beden olur muydu? Gerçek şu ki, çok sayıda üye, ama tek beden vardır. Göz ele, "Sana ihtiyacım yok!" Ya da baş ayaklara, "Size ihtiyacım yok!" diyemez.

–1. KORİNTLİLER 12:18-21

Burun ve El konuşurken, kilise sıralarında oturuyorlardı. Kulak ve Ağız tarafından yönetilen sabah ibadeti henüz sona ermişti ve El, kendisinin ve ailesinin farklı bir kilise aramaya karar verdiklerini Burun'a anlatıyordu.

Burun, "Gerçekten mi?" diyerek El'in bu haberine cevap verdi. "Neden?"

"Yani, bilmiyorum" dedi El başını yere eğerek. O, kilise bedeninin diğer üyelerine göre konuşmakta genellikle daha yavaş davranırdı. "Sanırım kilisede Bayan El ve benim aradığımız şeyler yok."

"Peki, bir kilisede ne arıyorsun?" diye sordu Burun. Bu sözleri söylerken anlayışlı bir ses tonu vardı. Ama bu sözleri söylediği sırada, aslında kendisinin El'in cevabını reddedeceğini biliyordu. Eller, Burun'un ve önderlerin geri kalanının kilise bedenini doğru yöne yönlendirdiğini göremiyorlarsa, beden onlarsız da devam edebilirdi.

El cevap vermeden önce düşünmek zorunda kaldı. O ve Bayan El, Pastör Ağız ve ailesini severdi. Ayrıca müzik hizmeti yapan Kulak da iyi niyetli biriydi. "Eh, sanırım insanların daha çok bizim gibi olduğu bir yer arıyoruz" dedi El sonunda kekeleyerek. "Bacaklar'la vakit geçirmeye çalıştık ancak onlarla aramızda yeterince iyi bir bağ kurmadık. Sonra tüm Ayak Parmakları'nın olduğu küçük gruba katıldık. Ama onlar çoraplar, ayakkabılar ve kokular hakkında konuşup durdular ve bu bizim ilgimizi çekmedi."

Burun bu sefer içten bir şaşkınlıkla ona baktı: "Kokularla ilgilenmelerinden memnun değil misiniz?!"

"Tabii, tabii. Ama bu bize göre değil. Sonrasında, yüz özelliklerini tecrübe etmek için Pazar Okulu'na katıldık. Hatırlıyor musun? Birkaç ay önce birkaç pazar gelmiştik?"

"Sizi orada görmek harikaydı."

"Teşekkürler. Ama herkes sadece konuşmak, dinlemek, koklamak ve tatmak istedi. Sanki hiç işe gitmek ve ellerinizi kirletmek istemiyormuşsunuz gibi hissettim. Her neyse. Bayan El ve ben, Doğu yakasındaki yeni kiliseye bir bakmayı düşünüyorduk. Çok fazla alkış yaptıklarını ve ellerini havaya kaldırdıklarını duyuyoruz ve bu, şu anda ihtiyacımız olan şeye daha yakın."

"Hmm" diye cevap verdi Burun. "Ne demek istediğini anlıyorum. Gittiğini görmek istemezdik. Ama sanırım senin için en iyi olan neyse onu yapmalısın."

O anda, başka bir sohbete kapılmış olan Bayan El kocasına ve Burun'a katılmak için geri döndü. El kısaca daha önce ne hakkında konuştuklarını açıkladı ve bundan sonra Burun, Eller'i kaybetme konusundaki üzüntüsünü tekrarladı. Ama yine de ihtiyaçlarının karşılanmadığını hissettiklerini anladığını söyledi.

Bayan El katıldığını belirtir şekilde başını salladı. Kibar olmak istiyordu ama doğruyu söylemek gerekirse, ayrıldığı için üzgün

Önsöz

değildi. Kocası yıllar içinde kiliseyle ilgili, eşinin yüreğini de bozmaya yetecek kadar olumsuz eleştiri yapmıştı ve şimdi onun yüreğinde bunun yansımaları görünüyordu. Hayır, bedene karşı hiçbir zaman uzun nutuklar çekmemiş, onu kötülememişti. Hatta, kendi ifadesiyle "bu kadar olumsuz olduğu için" genellikle özür dilerdi. Ama ara ara ağzından çıkmasına izin verdiği küçük şikâyetler etki göstermişti. Küçük gruplar dışarıdan gelenlere karşı biraz kapalıydı. Müzik biraz demodeydi. Programlar biraz saçma görünüyordu. Öğretiş tamamen onların beğendiği cinsten değildi. İkisi için de belirli bir sebep göstermek zordu ama sonunda, kilisenin onlar için olmadığına karar verdiler.

Bütün bunlara ek olarak, Bayan El kızları Serçe Parmak'ın gençlik grubunda rahat olmadığını biliyordu. Herkes ondan o kadar farklıydı ki, kendisini kötü, dışarıda hissediyordu.

Bayan El daha sonra Burun'u ve önderlik takımını ne kadar takdir ettiğini söyledi. Ama konuşma zaten Burun için gerektiğinden fazla uzun sürmüştü. Ayrıca kadının parfümü, Burun'un hapşırmak istemesine sebep oluyordu. Bayan El'e iyi sözleri için teşekkür etti, ayrılışlarını duyduğu için üzgün olduğunu tekrarladı ve sonrasında dönüp yürüyerek uzaklaştı. Eller'e kimin ihtiyacı vardı? Görünen o ki, Eller'in Burun'a ihtiyacı yoktu.

GİRİŞ:
BİR KİLİSEDE ARADIĞINIZ NEDİR?

Peki, bir kilisede aradığınız nedir? Son zamanlarda bu soruyu düşünmemiş olabilirsiniz. Ama bunu kendinize sormak için bir dakikanızı ayırın. İdeal kilise neye benziyor? "İdeal kilise ... olan bir yerdir."

Güzel müzik, eğitimin ve provanın yapıldığını gösteren türden bir müzik vardır. Gitar ve davul istemiyorsunuzdur. Koro ve kemancı istiyorsunuzdur. Güzel müzik Tanrı'yı yüceltir. Ya da belki gerçekten de gitar ve davul, yani çağdaş ve modern bir şey istiyorsunuzdur. İnsanların radyoda dinlediği şey bu tür müziktir sonuçta ve bu yüzden de onlara alışık oldukları şekilde yaklaşmak gerekir.

Belki de müzik sizin için vaaz kadar önemli değildir. Vaazların iyi olduğu ama anlamlı, Kutsal Kitap'la dolu, sıkıcı olmayan, pratik olan ama seçici ve yasacı olmayan vaazların olduğu bir kilise istiyorsunuzdur. Tabii ki bir vaizin kişisel özellikleri vaazları çok etkiler ve çeşit çeşit vaiz vardır. Doktrini seven ve hiç gülümsemeyen ciddi bir teolog, anlatacak bir milyon öyküsü olan komik adam, çok tecrübesi olan aile danışmanı gibi çeşitli vaizler vardır. Evet, biraz mizah katıyorum ama hepimizin bir pastörün nasıl olması gerektiğine ilişkin bazı beklentileri vardır, öyle değil mi?

Ya da belki yaşamın aynı evrelerinde olduğunuz insanların bulunduğu türden bir kilise arıyorsunuzdur. Onlarla bir bağ kurabilirsiniz. Neler yaşadığınızı anlarlar çünkü sonuçta sizinle aynı şeyleri yaşıyorlardır. Onlar da sizin gibi üniversiteden yeni mezun olmuşlardır. Sizin gibi onların da küçük çocukları vardır. Ya da sizin gibi emekliliğe yaklaşıyorlardır. Sizin gibi tasarruf mağazalarından veya sizin gibi tasarım butiklerinden alışveriş yapmanın nasıl bir şey olduğunu biliyorlardır. Onlar sizin gibi şehir merkezinden ya da belki de taşradandırlar.

Yine, belki de bir kilisede sizin için en önemli şey aktif olmak için fırsatlar –hizmet edilecek yerler, iyi işler yapılacak yerler– olup olmadığıdır. Bu kilise için müjdeleme önemli midir? Hizmetkâr göndermek önemli midir? Yoksullara yardım etmek önemli midir? Size ve oğlunuza diğer babalar ve oğullarla buluşmak için fırsatlar sağlıyor mudur? Peki ya çocuk hizmetine yardım etmeniz için fırsatlar var mıdır? Çocuklarınızın veya gençlerinizin dikkatini çekecek programlar var mıdır?

Sanırım, bazı insanlar "Ruh'ta canlı" olan bir kilise arıyorlardır. Bize rehberlik eden Ruh'tur ve bu yüzden insanların Ruh'un sesini işittiği, O'nun işlerini dört gözle beklediği ve yapabileceği olağanüstü şeylere iman ettiği bir kilise istersiniz. Ruh'u söndüren insanların ve gelenek severlerin etrafında olmaktan bıkmışsınızdır. Ruh yeni şeyler yapıyor! Bize yeni ilahiler veriyor!

Ya da belki sadece belirli bir şekilde hissettiğiniz bir kilise arıyorsunuzdur. Belki bunu hiç bu şekilde söylememişsinizdir. Ancak

Giriş

size bir alışveriş merkezi, eski bir şapel veya bir kahve evi hissi veren bir kiliseye alışkınsanız, ideal kilisenizin aynı şekilde olması da mantıklıdır. Bu beklenen bir şey. Ailemizin evinden çıkıp başka bir yere geçtiğimizde, ara sıra kendimizi anne ve babamızla ilgili bazı yerleri, kokuları ve sesleri özlerken bulmadık mı?

Bunların çoğu iyi veya en nötr şeyler olabilir. Gerçekten, sadece bir kilisede en çok neye değer verdiğinizi düşünmeye başlamanızı istiyorum.

Ne arıyorsunuz? Konuksever bir yer mi? Tutkulu mu? Otantik mi? Büyük bir yer mi? Samimi bir yer mi? Modaya uygun bir yer mi? Heyecan verici bir yer mi? Sert kuralları olan bir yer mi?

Bir kilise ne olmalı?

Tüm Hristiyanları İlgilendiren Bir Konu

Kutsal Kitap'ın kiliselerin ne olması gerektiğine ilişkin söylediklerini ele almadan önce (ki bu ilk birkaç bölümde yapacağımız şey olacak), özellikle de bir pastör değilseniz, neden bu soruyu size sorduğumu düşünmenizi istiyorum. Sonuçta, sağlıklı kiliseler konusunda yazılan bir kitap pastörler ve kilise önderleri için olan bir kitap değil midir?

Pastörler içindir, evet, ama aynı zamanda her Hristiyan içindir. Unutmayın: *Yeni Antlaşma'nın yazarlarının yazılarını ulaştırmak istediği kişiler Hristiyanlardır*. Galatya'daki kiliseler sahte öğretmenleri dinlemeye başladığında, Pavlus onlara şöyle yazdı: "Sizi Mesih'in lütfuyla çağıranı bırakıp değişik bir müjdeye böylesine çarçabuk dönmenize şaşıyorum" (Gal. 1:6). Pavlus burada kimi kendi kiliselerindeki yanlış öğretilerle ilgili hesap vermeye çağırmaktadır? Buradaki "siz" kimdir?

Sadece pastörler değil, aynı zamanda doğrudan kilise bedenleridir. Kiliselerin önderlerine yazmasını ve "Bu sapkınlığı öğretmeyi bırakın!" demesini beklerdiniz. Ama öyle yapmıyor. Bütün kiliseyi hesap vermeye çağırıyor.

Aynı şekilde, Korint kentindeki kilise zinalı bir ilişkinin aralarında denetimsiz bir şekilde devam etmesine izin verdiğinde, Pavlus yine doğrudan kiliseye hitap etmiştir (1.Ko. 5). Pavlus, pastörler ya da görevlilere sorunu halletmelerini söylemedi. Kiliseye bunun icabına bakmalarını söyledi.

Yeni Antlaşma'daki mektupların çoğunluğunda da aynısı görülmektedir.

Pavlus'la Petrus ve Yakup'la Yuhanna topluluklarına hitap ederken, bu birinci yüzyıl pastörlerinin de dinlemekte olduğuna inanıyorum. Ayrıca ben bu pastörlerin, elçilerin mektuplarında verdiği talimatlar ne olursa olsun bunların önünü açıp gerekenin yapılması konusunda insanları yönlendirdiğine inanıyorum. Yine de elçilerin örneğini izleyerek ve *size*, pastör ve üyelere hitap ederek, bu sorumluluğu nihayetinde ait olduğu yere yerleştirdiğime, ilettiğime inanıyorum. Sayın Hristiyan, *siz* ve kilisenizin tüm üyeleri nihayetinde kilisenizin ne olduğuyla ilgili Tanrı önünde sorumlusunuz. Pastörleriniz ve diğer önderleriniz değil, *siz*.

Pastörleriniz Tanrı'nın önüne gelip topluluğunuzu nasıl yönettikleriyle ilgili hesap verecekler (İbr. 13:17). Ama Rab İsa Mesih'in bir öğrencisi olan her birimiz, kiliseyle düzenli olarak *bir araya gelip* gelmediğimiz, kiliseyi sevmeye ve iyi işlere *teşvik edip etmediğimiz* ve Müjde'nin umudunun doğru öğretisini sürdürmek için *savaşıp savaşmadığımızla* ilgili hesap vereceğiz (İbr. 10:23-25).

Sevgili dostum, kendine bir Hristiyan diyor ama sağlıklı kiliseler hakkındaki bir kitabın, kilise önderleri ya da "teolojik tipler" için olan bir kitap olduğunu düşünüyor ve bunun yerine Hristiyan yaşamı hakkında bir kitap okumak istiyorsan, belki de artık durmanın ve Kutsal Kitap'ın bir Hristiyan'ın ne olduğunu söylediğini

Giriş

tekrar düşünmenin zamanı olabilir. Bu konuyu 1. bölümde daha fazla düşüneceğiz.

Bunu takiben, kilisenin ne olduğunu (2. bölüm), Tanrı'nın kiliseler için nihai amacının ne olduğunu (3. bölüm) ve Kutsal Kitap'ın neden kiliselerimize rehberlik etmesi gerektiğini (4. bölüm) ele alacağız.

Eğer Kutsal Kitap'ın, Tanrı'nın görkeminin gösterilmesi için kiliseye rehberlik etmesi gerektiğini zaten kabul ediyorsanız, doğrudan 5. bölüme geçebilirsiniz. Nitekim sağlıklı kilisenin dokuz işaretini o bölümde listelemeye başlıyorum. Rab, gelinini kendisinin geliş günü için hazırlarken bu derin düşünme süreçlerimizi kullansın (Ef. 5:25-32).

1. KISIM

SAĞLIKLI BİR KİLİSE NEDİR?

BİRİNCİ BÖLÜM

HRİSTİYANLIĞINIZ VE KİLİSENİZ

Bazen kampüs hizmetleri, kendi öğrencileriyle konuşmamı isterler. Birkaç kez sözlerime şu şekilde başladığımı insanlar bilir: "Kendinize bir Hristiyan diyor ancak düzenli olarak katıldığınız kilisenin bir üyesi değilseniz, cehenneme gideceğinizden endişeleniyorum."

Bunun onların dikkatini çektiğini görebilirsiniz.

Peki, sadece insanları şoke etmek için mi bunu yapıyorum? Hiç sanmıyorum. Onları kilise üyesi olmaları için korkutmaya mı çalışıyorum? Öyle diyemem. Bir kiliseye katılmanın birisini Hristiyan yaptığını mı söylüyorum? Kesinlikle hayır! Böyle söyleyen herhangi bir kitabı (veya konuşmacıyı) en yakın pencereden dışarı atın!

Peki neden bu tür bir uyarıyla başlıyorum? Çünkü Hristiyan yaşamında sağlıklı bir yerel kiliseye duyulan ihtiyacın ciddiyetini görmelerini ve hem Mesih'i hem de takipçilerinin bir özelliği olan o kilise tutkusunu paylaşmaya başlamalarını istiyorum.

Bugün Batı'da (ve belki de başka yerlerde) birçok Hristiyan, Hristiyanlıklarının Tanrı'yla kişisel bir ilişki olduğunu ve başka bir şey olmadığını düşünme eğilimindedir. Genellikle bu "kişisel ilişki"nin kendi yaşama şekillerini etkileyen bazı sonuçları olduğunu biliyorlar. Ancak korkarım ki, birçok Hristiyan Tanrı'yla olan bu en önemli ilişkinin, akabinde nasıl bir dizi ikincil kişisel ilişkiyi de doğurması gerektiğini anlamıyor. Burada Mesih'in bizimle Kendi bedeni olan kilise arasında kurduğu ilişkileri kastediyorum. Tanrı bu ilişkilerin, kendi keyfimize göre, "ortada olan" Hristiyanların arasından istediklerimizi seçtiğimiz ilişkiler olmasını istemiyor. Bizim gerçekten etten ve kandan olan, canımızı sıkan insanlarla ilişki kurmamızı istiyor.

Peki, kendinize bir Hristiyan diyorsanız ancak katıldığınız yerel kilisenin iyi bir üyesi değilseniz, cehenneme gidiyor olabilirsiniz diye niçin endişeleniyorum? Bir Hristiyan'ın tam olarak ne olduğu konusunu bir an için birlikte düşünelim.

Bir Hristiyan Nedir?

Bir Hristiyan her şeyden önce, günahları affedilmiş ve İsa Mesih aracılığıyla Baba Tanrı'yla barıştırılmış olan bir kişidir. Bu, bir kişi günahlarından tövbe ettiğinde ve Tanrı'nın Oğlu İsa Mesih'in kusursuz yaşamına, bizler yerine ölümüne ve dirilişine iman ettiğinde olur.

Başka bir deyişle, bir Hristiyan kendisinin ve kendi ahlakının sonuna gelmiş olan bir kişidir. O, Tanrı'nın açıkça ortaya koyduğu yasaya karşı çıkarak, hayatını Tanrı'dan başka şeylere ibadet etmeye ve bunları sevmeye adadığını kabul eder. Bu şeylerse kariyer, aile, paranın satın alabileceği şeyler, diğer insanların görüşleri, ailesinin ve toplumunun şerefi, diğer dinlerin sözde tanrılarının sevgisi, bu dünyanın ruhları ya da hatta bir insanın yapabileceği iyi şeylerdir. O aynı zamanda bu "putlar"ın çifte lanetli efendiler olduğunu görmüştür. İştahları *bu hayatta* asla tatmin olmaz ve bu putlar, Tanrı'nın *bir sonraki hayatta* göstereceği gazabı, ölümü ve yargıyı üzerlerine çekmektedirler. Hristiyanlarsa bu yargıyı bu dünyanın ıstırapları içerisinde kısmen de olsa (merhametli bir şekilde) tatmışlardır.

Bir Hristiyan, bu nedenle, eğer bu gece ölüp Tanrı'nın önünde dursa ve Tanrı ona, "Neden seni huzuruma kabul edeyim?" dese, kendisi şöyle der: "Beni içeri almamalısın. Günah işledim ve Sana karşı ödeyemeyeceğim bir borcum var." Ama bununla yetinmez. Şöyle devam eder: "Yine de, büyük vaatlerin ve merhametin sayesinde, İsa Mesih'in benim için bir kefaret olarak dökülen, ahlaki borcumu ödeyen, Senin kutsal ve doğru taleplerini yerine getiren ve günaha karşı gazabı kaldıran kanına güvenirim!"

Mesih'te aklanıldığının söylenmesinden sonra Hristiyan, artık günahın köleliğinden sonra yeni bir özgürlüğün başlangıcını keşfetmiş bir kişidir. Putların ve diğer tanrıların asla tatmin olmadığı, midelerinin asla dolmadığı yerde, Tanrı'nın Mesih'in eyleminden duyduğu tatmin, bu eylemle mahkûmiyetten çıkarılan kişinin artık özgür olduğu anlamına gelir! Hristiyan ilk kez günaha sırtını çevirmekte özgürdür. Günahının yerini sadece başka bir bayağı günahla doldurmayıp, o günahın yerini yaşamında İsa Mesih'e ve Mesih'in yönetimine arzu duymasını sağlayan Kutsal Ruh'la doldurmakta özgürdür. Adem'in Tanrı'yı tahttan indirmeye ve kendini Tanrı yapmaya çalıştığı yerde, Hristiyan kişi Mesih tahtta olduğu için sevinir. İsa'nın Baba'nın isteğine ve sözlerine kusursuz itaatkârlıkla dolu olan yaşamını düşünerek O'nun gibi, Kurtarıcısı gibi olmak ister.

Dolayısıyla bir Hristiyan, ilk olarak, Tanrı'yla Mesih'te barışmış olan bir kişidir. Mesih Tanrı'nın gazabını yatıştırmıştır ve şimdi

Hristiyan, Tanrı'nın önünde doğru ilan edilmekte, doğruluk yaşamına çağrılmakta ve bir gün cennetteki Kral'ın önünde olmak umuduyla yaşamaktadır.

Bununla da kalmıyor! İkincisi, bir Hristiyan, Tanrı'yla barışması sayesinde, aynı zamanda Tanrı'nın halkıyla da barışmış olan kişidir. Kutsal Kitap'ta Adem ve Havva'nın düşmesinden ve bahçeden sürülmesinden sonraki ilk hikâyeyi hatırlıyor musunuz? Bu bir insanın diğerini öldürdüğü, yani Kayin'in Habil'i öldürdüğü hikâyedir. Eğer Tanrı'yı tahttan indirmeye çalışma eylemi, doğası gereği, kendimizi oraya çıkarmaya çalışma eylemiyse, başka bir insanın bu tahtı bizden almasına izin vermeyiz. İhtimali yoktur. Adem'in Tanrı'yla paydaşlığı kesme eylemi, tüm insanlar arasında paydaşlıkta da ani bir kopmayla sonuçlandı. Artık geçerli olan şey, her koyun kendi bacağından asılır anlayışıdır.

Öyleyse İsa'nın, "Tanrın Rab'bi bütün yüreğinle, bütün canınla ve bütün aklınla seveceksin *ve* komşunu kendin gibi seveceksin. Kutsal Yasa'nın tümü ve peygamberlerin sözleri bu iki buyruğa dayanır" demesine şaşırmamak gerek (bkz. Mat. 22:34-40). Bu iki buyruk birbirine bağlıdır. Birincisi ikincisini doğurur ve ikincisiyse birincisini kanıtlar.

Bu durumda Mesih aracılığıyla Tanrı'yla barıştırılmak, Tanrı'yla barıştırılan herkesle barıştırılmak anlamına gelir. Efesliler 2'nin ilk yarısında Tanrı'nın Mesih İsa'da bize verdiği büyük kurtuluşu anlattıktan sonra, Pavlus Efesliler 2'nin ikinci yarısında, bunun Yahudiler ve Yahudi olmayanlar arasındaki ilişki için ne anlama geldiğini ve daha da kapsamlı olarak Mesih'te olan herkes için ne anlama geldiğini açıklamaya başlar. Pavlus şöyle yazar:

> Çünkü Mesih'in kendisi barışımızdır. Kutsal Yasa'yı, buyrukları ve kurallarıyla birlikte etkisiz kılarak iki top-

luluğu birleştirdi, aradaki engel duvarını, yani düşmanlığı kendi bedeninde yıktı... Amacı bu iki topluluktan kendisinde yeni bir insan yaratarak esenliği sağlamak, düşmanlığı çarmıhta öldürmek ve çarmıh aracılığıyla bir bedende iki topluluğu Tanrı'yla barıştırmaktı. (Ef. 2:14-16)

Tanrı'ya ait olan herkes "yurttaş" ve "Tanrı'nın ev halkıdır" (19. ayet). Mesih'te "kutsal bir tapınak" olmak üzere "kenetleniyoruz" (21. ayet) ve seçebileceğimiz daha birçok zengin benzetme vardır!

Belki de ev halkı benzetmesi üzerinde derin bir şekilde düşünmek, Tanrı'yla barışmanın aynı zamanda halkıyla barışmak anlamına geldiğini görmemize de yardımcı olacaktır. Eğer yetimseniz, ailenizi evlat edinmezsiniz; onlar sizi evlat edinirler. Eğer sizi evlat edinen ebeveynler Smith soyadına sahiplerse, artık ebeveynlerle ve tüm çocuklarla birlikte Smith ailesinin sofrasına oturursunuz. Geceleri Smith kardeşlerle aynı yatak odasını paylaşırsınız. Okuldaki öğretmen yoklama yaparken "Smith?" deyince, abinizden sonra siz de elinizi kaldırırsınız ve küçük kız kardeşiniz de sizden sonra öyle yapacaktır. Ayrıca bunu "Smith" rolünü oynamaya karar verdiğiniz için değil, birisi yetimhaneye gittiği ve "sen bir Smith olacaksın" dediği için yaparsınız. O gün, birilerinin çocuğu ve başkalarınınsa kardeşi oldunuz.

Tek fark şu ki, adınız Smith değil. Adınız *Hristiyan*. Sizi evlat edinen Mesih'in adını aldınız (Ef. 1:5). Şimdi Tanrı'nın ailesinin bir parçasısınız. "Çünkü hepsi –kutsal kılan da kutsal kılınanlar da– aynı Baba'dandır. Bunun içindir ki, İsa onlara "kardeşlerim" demekten utanmıyor" (İbr. 2:11).

Ayrıca bu aile, birbirinden uzaklaşmış üyelerden oluşan işlevsiz bir aile de değildir. Bu bir paydaşlıktır. Tanrı "sizleri Oğlu Rabbimiz İsa Mesih'le paydaşlığa" çağırdığında (1.Ko. 1:9), aynı zamanda sizleri ailenin tümüyle "paydaşlık" içerisinde olmaya çağırdı (1.Ko. 5:2).

Bu kibar ve resmi bir paydaşlık da değildir. Bu kendi kararımızla birbirimize bağlandığımız bir bedendir. Ancak bunu bağlayan şey kişisel insani kararlarımızın da ötesinde, Mesih ve yaptıklarıdır. Bedenin üyesi olarak kendi elinizi ve burnunuzu kesmiş olacağınızdan ötürü, "ben ev halkının bir parçası değilim" demek aptalca olacaktır. Pavlus'un Korintliler'de söylediği gibi, "Göz ele, 'Sana ihtiyacım yok!' ya da baş ayaklara, 'Size ihtiyacım yok!' diyemez" (1.Ko. 12:21).

Kısacası, *"Bir Hristiyan Nedir?"* sorusuna, kilise hakkında bir konuşmaya girmeden cevap vermek imkânsızdır; nitekim Kutsal Kitap açısından bu böyledir. Sadece bu da değil. Kiliseyi sadece bir benzetmeyle tanımlamak da zordur. Çünkü Yeni Antlaşma bir aile ve bir paydaşlık, bir beden ve bir gelin, bir insan ve bir tapınak, bir hanım ve çocukları gibi pek çok farklı benzetme kullanmaktadır. Ayrıca Yeni Antlaşma, kilisenin paydaşlığı *dışında* uzun süreli olarak var olan bir Hristiyan'dan asla söz etmemektedir. Kilise gerçekte bir yer değildir. Bir halk, Tanrı'nın Mesih'teki halkıdır.

Bir kişi Hristiyan olduğunda, yerel kiliseye bu sadece ruhsal olarak olgunlaşmak amacıyla iyi bir alışkanlıktır diye düşünerek katılmaz. Katılır, çünkü bu Mesih'in o kişiye *vermiş olduğu* kimliğin, yani O'nun bedeninin bir üyesi olmanın bir ifadesidir. Mesih'le bir olmak, her Hristiyan'la bir olmak demektir. Ancak bu evrensel birlik yerel bir kilisede vücut bulmalıdır.

Bazen teologlar evrensel kilise (tarih boyunca dünya üzerinde yaşamış Hristiyanların tümü) ve yerel kilise (vaazlar aracılığıyla Söz'ü duymak, vaftiz ve Rab'bin Sofrası'nı gerçekleştirmek için yan sokakta buluşan insanlar) arasında bir ayrıma dikkat çekerler. Evrensel kiliseyle ilgili birkaç referans dışında (Matta 16:18 ve Efesliler mektubunun geneli gibi), Yeni Antlaşma'da kiliseyle ilgili çoğu referans, Pavlus'un da "Tanrı'nın Korint'teki kilisesine" veya "Galatya'daki kiliselere" derken belirttiği gibi yerel kiliselere yöneliktir.

Şimdi bahsedeceğim konu biraz ağır gelebilir ama önemli bir konu. *Evrensel kilisedeki üyeliğimiz* ve *yerel kilisede üyeliğimiz* arasındaki ilişki, *Tanrı'nın bize iman aracılığıyla verdiği doğruluk* ve *doğruluğu pratik olarak günlük yaşamlarımızda uygulamamız* arasındaki ilişkiye çok benzer. İmanla Hristiyan olduğumuzda, Tanrı bizleri doğru ilan eder. Yine de hâlâ aktif olarak doğru olmaya çağrılıyoruz. Günah içinde mutlu bir şekilde yaşamaya devam eden bir kişinin, Mesih'in doğruluğuna ilk başta hiç sahip olup olmadığını sorgulaması gerekir (bkz. Rom. 6:1-18; 8: 5-14; Yak. 2: 14-15). Kendilerini yerel bir kiliseye adamayı reddedenler için de böyledir. Yerel bir bedene bağlılık doğal sonuçtur ve Mesih'in yapmış olduklarını doğrular. Eğer Müjde'ye inanan, Müjde'yi öğreten Hristiyanlara kendinizi adamakla hiçbir şekilde ilgilenmiyorsanız, Mesih'in bedenine ait olup olmadığınızı sorgulamanız gerekebilir! İbraniler'in yazarını dikkatle dinleyin:

> Açıkça benimsediğimiz umuda sımsıkı tutunalım. Çünkü vaat eden Tanrı güvenilirdir. Birbirimizi sevgi ve iyi işler için nasıl gayrete getirebileceğimizi düşünelim. Bazılarının alıştığı gibi, bir araya gelmekten vazgeçmeyelim; o günün yaklaştığını gördükçe birbirimizi daha da çok yüreklendirelim. Gerçeği öğrenip benimsedikten sonra, bile bile günah işlemeye devam edersek, günahlar için artık kurban kalmaz; geriye sadece yargının dehşetli beklenişi ve düşmanları yiyip bitirecek kızgın ateş kalır. (İbr. 10:23-27)

Tanrı'nın önünde ne şekilde durduğumuz, eğer samimiysek, süreç yavaş ve hatalarla dolu da olsa, günlük kararlarımıza da yansıyacaktır. Tanrı gerçekten halkını değiştirir. Bu iyi bir haber değil midir? Bu yüzden lütfen, sevgili dostum, doğru bir hayata sahip olmaya çabalamıyorsan, Mesih'in doğruluğuna sahip olabileceğin gibi şüpheli bir fikre sahip olup da bu konuları boş verme. Aynı şekilde, gerçek bir kiliseyle birlikte bu hayata sahip olmak için çaba sarf etmiyorsan, evrensel kiliseye ait olabileceğin gibi şüpheli bir fikirle kandırılmamaya dikkat et.

Nadir durumlar dışında, gerçek bir Hristiyan hayatını yerel bir kilisenin sağlam ve somut paydaşlığı aracılığıyla diğer imanlıların hayatlarıyla birlikte inşa eder. O'nun henüz gelmediğini bilmektedir. Hâlâ düşmüş bir insandır ve kilise adı verilen o hesap verme sorumluluğunun ve öğretişin olduğu yere ihtiyacı vardır. Kilisenin de ona ihtiyacı vardır.

Biz Tanrı'ya ibadet etmek ve birbirimize karşı sevgi ve iyi işler göstermek üzere toplandığımızda, Tanrı'nın bizleri Kendisiyle ve birbirimizle barıştırdığı gerçeğini uygulamada da gösteririz. Kutsal Kitap ayetlerini ezberlediğimiz, yemeklerden önce dua ettiğimiz, gelirimizin bir kısmını bağışladığımız ve Hristiyan radyo istasyonlarını dinlediğimiz için değil, kendimiz gibi bir grup günahkâra karşı sabırlı olmaya, onlara katlanmaya, onları affetmeye ve hatta onları sevmeye istekli olduğumuz için *değiştiğimizi* gösteririz.

Siz ve ben bir adada tek başımıza oturup sevgi, sevinç, esenlik, sabır veya şefkat sergileyemeyiz. Hayır, sevmekte kararlı olduğumuz kişiler bize kendilerini sevmememiz için makul nedenler verdiğinde bile onları severek bunları gösteririz.

Anlıyor musunuz? Müjde tam orada, kendilerini birbirlerini sevmeye adamış bir grup günahkârın tam ortasında sergilenir. Mesih'in bizi affettiği gibi birbirimizi affettiğimiz zaman, Mesih'in bize adanmış olduğu gibi birbirimize adandığımız zaman, Mesih'in bizim için hayatını verdiği gibi birbirimiz için hayatımızı verdiğimiz zaman, kilise Müjde'yi görsel bir şekilde sunmuş olur.

Birlikte, İsa Mesih'in Müjdesi'ni tek başımıza yapamayacağımız bir şekilde gösterebiliriz.

Sık sık Hristiyanların farklı ruhsal armağanlardan bahsettiğini duyuyorum. Yine de, insanların Tanrı'nın bu kadar çok armağanı, bu armağanların kilisedeki diğer Hristiyanların günahıyla ilgili kullanılmak üzere vermiş olduğunu ne kadar düşündüklerini merak ediyorum. Günahlarım size armağanlarınızı kullanmanız için bir fırsat olmuş olur.

Bu yüzden çeşitli yetenekleri, armağanları ve sunuları olan kadın ve erkek, genç ve yaşlı, siyah ve beyaz, Asyalı ve Afrikalı, zengin ve fakir, eğitimsiz ve eğitimli bir grup insanı toplayın. Sadece *her birinin* kendisinin hasta, günahkâr olduğunu ve yalnız lütuf tarafından kurtarıldığını bildiğinden emin olun. Elinizde ne mi var? Bir kilise için gereken tüm malzemeler!

Amacınız *tüm* Hristiyanları sevmekse, size öncelikle tüm hata ve yanlışlarıyla bir grup gerçek Hristiyan'ın bulunduğu bir gruba kendinizi vermenizi öneririm. Onlara seksen yıl boyunca, iyi ve kötü zamanlarda bağlı kalın. Sonra geri gelin ve her yerde, tüm Hristiyanları sevme konusunda gösterdiğiniz ilerlemeden bahsedebiliriz.

Öyleyse kilise denen, bir araya gelen bir grup insanın nasıl olması gerektiği konusunda bizi düşündürmesi gereken kişiler kim? Bu sorumluluk kimde? Pastörler ve kilise önderlerinde mi? Kesinlikle. Peki ya diğer tüm Hristiyanlar da bu sorumluluğu taşıyor mu? Kesinlikle.

Hristiyan olmak Mesih'in bedeninin, yani kilisenin yaşamını ve sağlığını umursamak anlamına gelir. Bu kilisenin ne olduğunu ve kilisenin ne olması gerektiğini umursamak anlamına gelir. Çünkü sevgili Hristiyan, sen kiliseye aitsin.

Gerçekten de, kiliseyi önemseriz çünkü o Kurtarıcımız'ın bedeninin ta kendisidir. İsa'nın Hristiyanlara zulmeden (yakın zamanda kendisine Pavlus denecek olan) Saul'un Şam yolunda karşısına çıktığı zaman ona karşı sarf ettiği kelimeleri hiç fark ettiniz mi? "Saul, Saul, neden bana zulmediyorsun?" (Elç. 9:4). İsa, kilisesiyle öyle özdeşleşmişti ki, kiliseye kendisi olarak atıfta bulunuyordu! Sevgili Hristiyan, kendini Kurtarıcın'ın bizzat özdeşleştiği kişilerle özdeşleştiriyor musun? Yüreğin O'nun yüreğinin tutkularını paylaşıyor mu?

Yakın zamanda, topluluğunun üyelerinin, bir kilisenin ne olduğunu bilmesini isteyen bir pastörün mektubu bana ulaştırıldı. Bu alçakgönüllü adam, onları lütuf ve kutsallığa doğru yönlendirirken, kendisinin de hesap verebilecek durumda olduğu bir kilise istiyordu. Bu pastör Yeni Antlaşma'daki sistemi anlıyordu. Bir gün Tanrı'nın, topluluğuna nasıl çobanlık ettiğiyle ilgili ondan hesap soracağını anlıyordu. Ayrıca sadık bir çoban gibi, sürüdeki her koyunun, bir gün, birbirlerini ve onu nasıl sevdiklerinin hesabını vermek için birer birer çağrılacağını bilmesini istiyordu.

Tanrı bedenin her bir üyesine şöyle soracaktır: "Bedenin diğer üyeleri sevindiklerinde, onlarla sevindin mi? Yas tutanlarla yas tuttun mu? Bedenin zayıf bölümlerine vazgeçilmez olduklarını bilerek yaklaştın mı ve en az onur sahibi olarak görülenlere özel bir onurla yaklaştın mı? Seni yöneten ve sana öğretenlere iki kat saygı gösterdin mi?" (bkz. 1.Ko. 12:22-26 ve 1.Ti. 5:17).

Sevgili Hristiyan, önderleriniz dahil olmak üzere kilise ailenizi nasıl sevdiğinize ve onlara nasıl hizmet ettiğinize dair Tanrı'nın sizden hesap soracağı gün için hazır mısın? Tanrı'nın kilisenin ne olması gerektiğini söylediğini biliyor musun?

Ayrıca sevgili pastör, kilisenin ne olması gerektiğini onlara öğreterek sürünü hesap vermek için hazırladın mı? Onlara senin Müjde'ye sarılıp sarılmamandan sorumlu tutulacaklarını öğrettin mi?

İKİNCİ BÖLÜM

BİR KİLİSE NEDİR...
VE NE DEĞİLDİR?

Giriş bölümünde, bir kilisede ne aradığınızı ve Kutsal Kitap'ın, kilisenin ne olması gerektiğini söylediğini sordum ancak bu soruları hiç cevaplamadım. Şüphesiz bunlar zor sorular. Günümüzde Hristiyanlar bir kilisede bin bir çeşit şey arıyorlar.

Lisansüstü eğitimim sırasında, herhangi bir kiliseye bağlı olmayan bir Hristiyan hizmeti için çalışan bir arkadaşımla yaptığım bir konuşmayı hatırlıyorum. O ve ben birkaç yıl aynı kiliseye gitmiştik. Ama ben kiliseye üye olurken, arkadaşım olmadı. Aslında, sadece pazar sabahı ibadeti ve ibadetin tam ortasında, tam vaaz zamanında geliyordu.

Bir gün, ona bu gönülsüz katılımını sormaya karar verdim. Şöyle cevap verdi: "İbadetin geri kalanından benim alacağım bir şey yok."

Ben de kendisine şu soruyu sordum: "Daha önce bir kiliseye gerçekten üye olmayı hiç düşündün mü?"

Kendisi gerçekten soruma şaşırmış gibi görünüyordu ve şöyle yanıt verdi: "Üye olmak mı? Dürüst olmak gerekirse, niye böyle bir şey yapayım bilmiyorum. Neden burada olduğumu biliyorum ve o insanların tek yapacağı şey beni yavaşlatmak olur."

Söyleyebileceğim kadarıyla, bu sözleri küçümseyerek değil, Rab'bin zamanının bir saatini bile boşa harcamak istemeyen yetenekli bir müjdecinin içten gayretiyle söylemişti. Kendisi bir kilisede ne aradığı üzerinde düşünmüştü ve bu düşüncelerde genel olarak kilisenin diğer üyelerine, yani en azından o kiliseye yer yoktu. Tanrı'nın Sözü'nden iyi bir vaaz duyabileceği ve haftalık ruhsal dozunu alabileceği bir yer istiyordu.

Yine de, sözleri aklımda yankılandı: "O insanların tek yapacağı şey beni yavaşlatmak olur." Söylemek istediğim birtakım şeyler vardı ama tek söylediğim şu oldu: "Bu insanlarla el ele versen, evet, seni yavaşlatabilirler ancak senin onları hızlandırmaya yardımcı olabileceğini hiç düşündün mü? Bunun kendileri ve senin için Tanrı'nın tasarısının bir parçası olduğunu hiç düşündün mü?"

Ben de her pazar iyi vaaz duyabileceğim bir kilise istedim. Ama "İsa'nın bedeni" ifadesi, bundan daha fazlasını ifade etmiyor mu?

1. bölümde bahsettiğim gibi, kilise bir yer değildir. Bir bina değildir. Vaaz verilen bir nokta değildir. Ruhsal bir hizmet sunucusu değildir.

Bu bir halk, kanla gerçekleştirilmiş olan yeni antlaşmadır. Bu yüzden Pavlus, "Mesih kiliseyi nasıl sevip onun uğruna kendini feda ettiyse" sözlerini kullanır (Ef. 5:25). Kendini bir yer için değil, bir halk için feda etti.

Pastörlük ettiğim kilise bu yüzden pazar sabahları ibadete, "Capitol Hill Baptist Kilisesi'ne hoşgeldiniz" diyerek değil, "Capitol Hill Baptist Kilisesi'nin *bu haftaki toplantısına* hoş geldiniz" diyerek başlıyor. Biz bir araya gelen bir halkız. Evet, bu küçük bir şey

Bir Kilise Nedir ve Ne Değildir?

ama insanları karşılarken kullandığımız kelimelerde bile büyük bir gerçeğe işaret etmeye çalışıyoruz.

Kilisenin bir halk olduğunu hatırlamak, neyin önemli olduğunu ve neyin önemli olmadığını anlamamıza yardımcı olmalıdır. Ben bu yardıma ihtiyacım olduğunu biliyorum. Örneğin, müzik tarzı gibi bir şeyin bir kilise hakkındaki hislerimi yönlendirmesi, karşılaştığım bir ayartı. Sonuçta, bir kilisenin kullandığı müzik tarzı, herhangi bir kilise hakkında fark edeceğimiz ilk şeylerden biridir ve müziğe son derece duygusal bir düzeyde cevap vermeye meyilliyizdir. Müzik bizi belli bir şekilde hissettirir. Yine de, müziğinin tarzı nedeniyle bir kiliseden ayrılmaya karar verirsem, bu Mesih'e ve Mesih'in halkına olan sevgim hakkında ne söyler? Ya da eğer bir kiliseye pastörlük ederken topluluğumun çoğunu müzik tarzlarını değiştirmeleri gerektiğini düşündüğüm için dışlarsam? Durum böyle olsaydı, en azından kilisenin temel olarak bir halk olduğu ve bir yer olmadığı gerçeğini unuttuğumu söyleyebilirdik herhalde.

Aynı zamanda, Kutsal Kitap bize Hristiyanların bir kilisede ne olduğunu, yani kilisenin *ne yaptığını* umursamaları gerektiğini öğretir. Hatta, bu kitabın ikinci yarısı bu konuya ayrılmıştır.

Halkı umursamak ama bunun yanında bir de ne yaptıklarını umursamak arasında dengeyi nasıl kurabiliriz? Bu kitap Hristiyan aileler yetiştirme hakkında bir kitap olsaydı, birlikte akşam yemeği yemek, birlikte Kutsal Kitap okumak, birlikte gülmek, aile için dua etmek vb. bazı şeyler *yapmaktan* bahsederdik. Ancak burada yaptığım tartışma boyunca, umarım hepimiz ebeveynlerin hata yapacaklarını ve çocukların da çocuk olmaya devam edeceklerini hatırlarız. Aile sadece bir kurum değil, aynı zamanda bir grup insandır.

Bir kilise de böyledir. Belirli bir kilise yaptığı şeylerle beklentilerinizi karşılayamıyor mu ya da Kutsal Kitap'ın kilise önderliği hakkında söylediklerini takip etmiyor mu (bu konuyu daha sonra ele alacağım)? Eğer öyleyse bile, bunun hâlâ lütufta büyüyen bir grup insan olduğunu unutmayın. Onları sevin. Onlara hizmet edin. Onlara karşı sabırlı olun. Tekrar söylüyorum, bir aileyi düşünün. Aileniz, kardeşleriniz ya da çocuklarınız beklentilerinizi karşılamakta başarısız olduğunda, bir anda onları aileden dışarı mı atıyorsunuz? Umarım ki, affediyor ve onlara karşı sabır gösteriyorsunuzdur. Hatta düzeltilmesi gereken asıl şeyin sizin beklentileriniz olup olmadığını durup düşünmeniz bile gerekebilir! Aynı şekilde, kendimize farklı görüşlere sahip olan ve beklentilerimizi karşılayamayan, hatta bize karşı günah işleyen kilise üyelerini nasıl seveceğimizi ve onlara karşı nasıl sabırlı olacağımızı bilip bilmediğimizi sormalıyız. (Sizin de ve benim de, affedilmesi gereken günahlarımız yok mu?)

Elbette bir noktada bir sınır vardır. Katılmak, pastörlük etmek veya üye olarak kalmak istemeyebileceğiniz bazı kiliseler de vardır. Bu konuya bir kilisenin temel işaretleri bölümünde geri döneceğiz. Şimdilik, temel ilke aynı kalmaktadır: Kilise bir halk, bir topluluktur. Aradığımız her şey ya da kilisenin olması gerektiğini söylediğimiz her şey, bu temel Kutsal Kitap ilkesi tarafından yönlendirilmelidir.

İzin verin kilise hakkında kötü düşünme davranışının önüne bir engel daha koyalım. Bu özellikle de pastörler arasında yaygın bir düşüncedir. Kilise sadece bir yer olmadığı gibi, bir istatistik de değildir. Lisansüstü eğitimim sırasında, John Brown tarafından yazılmış bir öğüt mektubuyla karşılaştığımı hatırlıyorum. Kendisi on dokuzuncu yüzyılda yaşamış bir pastördü ve bu mektup, küçük bir topluluğa henüz atanan genç bir öğrencisine hitaben yazılmıştı. Mektup şöyle diyordu:

Bir Kilise Nedir ve Ne Değildir?

Yüreğindeki gururundan ve kendi topluluğunun etrafındaki diğer kardeşlerinin topluluklarına kıyasla daha küçük olmasından utanacağını biliyorum ancak yaşlı bir adamın sözlerine güven: Rab olan Mesih'in önünde, O'nun yargı kürsüsünde dururken, süründeki koyunların sayısının yeterli olduğunu düşüneceksin.[1]

Tanrı'nın bana emanet ettiği topluluğu düşündüğümde, Tanrı'nın önünde hesap vereceğim o günün ağırlığını üstümde hissettim. Pastörlük ettiğim kilisenin büyük olmasını istiyor muydum? Popüler ve insanların hakkında konuştuğu bir kilise olmasını istiyor muydum? Bir şekilde etkileyici görünen bir kilise mi istiyordum?

Ben karşımdaki grubu sadece "idare etmek" veya onlara "katlanmak" için mi motive olmuştum? Doğru zamanı bekleyip kiliseyi benim olması gerektiğini düşündüğüm şekle sokmak için fırsatlar mı bekliyordum? Bir kilisenin geleceğine ilişkin bazı arzulara sahip olmak kötü değildir. Ama arzularım beni şu anda çevreleyen kutsallara karşı kayıtsız kalmaya, hatta onlardan rahatsız olmaya yönlendiriyor muydu?

Ya da çoğu yaşlı olan, pazar sabahları önümde sekiz yüz kişilik bir salonda oturan birkaç ruh için neyin tehlikede olduğunu hatırlayacak mıydım? Bu birkaç kişiyi sevip onlara, Kutsal Kitap'a uygun olmayan gruplarına ve eski moda geleneklerine ve benim tarzım olmayan ve benim kiliseyle ilgili umutlarımın (bana göre meşru umutlar) önünde engel olan müzik şekline rağmen hizmet edecek miydim? Ayrıca biliyorum ki, etraflarındaki insanları yalnızca "idare eden", kilise kendi hayallerindeki haline kavuşana kadar zaman kollayan kişiler sadece pastörler değil.

---

[1] James Hay ve Henry Belfrage, *Memoir of the Rev. Alexander Waugh* (Edinburg: William Olipant and Son, 1939), 64–65.

Kilise bir halktır, bir yer ya da istatistik değildir. Başla birleştirilmiş bir bedendir. Mesih aracılığıyla evlat edinilerek bir araya gelmiş olan bir ailedir.

Tanrı'nın bizi Baş Çoban'ın altındaki çobanlar olarak atadığı sürülere dair sahip olduğumuz büyük sorumluluğun, giderek daha da çok farkına varabilmemiz için dua ediyorum.

Ama aynı zamanda, sevgili Hristiyan, imandaki ister yaşlı ister bir bebek olsun, kilise ailenizin geri kalanını sevmek, onlara hizmet etmek, onları teşvik etmek ve sorumlu tutmak üzere sahip olduğun sorumluluğun giderek daha da çok farkına varabilmen için dua ediyorum. Kilisedeki aynı etten ve kandan olduğun kardeşlerine gelince, Kayin Rab'bin dediğini dikkate almayarak, "Kardeşimin bekçisi miyim ben?" dediğinde, onun nerede hata yaptığının farkındasındır. Ama daha da önemlisi, eğer daha önce yapmadıysan, kilise ailenizin kardeşlerine karşı sahip olduğun büyük sorumluluğun farkına varmanı umuyorum.

> İsa'nın çevresinde oturan kalabalıktan bazıları, "Bak" dediler, "Annenle kardeşlerin dışarıda, seni istiyorlar."
> İsa buna karşılık onlara, "Kimdir annem ve kardeşlerim?" dedi. Sonra çevresinde oturanlara bakıp şöyle dedi: "İşte annem, işte kardeşlerim! Tanrı'nın isteğini kim yerine getirirse, kardeşim, kız kardeşim ve annem odur." (Mar. 3:32-35)

ÜÇÜNCÜ BÖLÜM

HER KİLİSENİN OLMAYI İSTEMESİ GEREKEN ŞEY: SAĞLIKLI OLMAK

Eğer Hristiyan bir ebeveynseniz, çocuklarınız için ne istiyorsunuz? Eğer Hristiyan bir çocuksanız, aileniz için ne istiyorsunuz?

Muhtemelen Rab'bin önünde sevgi, sevinç, kutsallık, birlik ve saygı gibi, ailenizi giderek daha fazla tanımlayan bir dizi özellik istersiniz. Muhtemelen bir dizi farklı şey düşünebilirsiniz. Ama tüm bu nitelikleri çok heyecan verici olmayan bir kelimeyle özetlemeye çalışalım. O kelime de şu: *sağlıklı*. Sağlıklı bir aile, yani Tanrı'nın aileyi tasarladığı şekle yaraşır bir şekilde birlikte çalışan, yaşayan ve seven bir aile istersiniz.

Kiliselerimiz için de aynısı geçerlidir. Hristiyanlar da, pastörler veya kilise üyeleri olsun, sağlıklı kiliselere sahip olmayı hedefliyor olmalıdırlar.

Belki kilisenin ne olması gerektiğini açıklamak için "sağlıklı" kelimesinden daha iyi bir kelime vardır. Sonuçta, ebedi Oğul, krallların Kralı ve rablerin Rabbi'nin kanı tarafından satın alınan insanlar hakkında konuşuyoruz. Söyleyebileceğimiz en iyi şey "sağlıklı" mı? Yine de, *sağlıklı* kelimesini seviyorum çünkü olması gerektiği gibi yaşayan ve büyüyen bir beden fikrini iletiyor. Bu bedenin bazı sorunları olabilir. Çünkü henüz mükemmelleştirilmedi. Ama yavaş yavaş o yönde ilerliyor. Yapması gerekeni yapıyor çünkü Tanrı'nın Sözü ona rehberlik ediyor.

Hayatımızdaki günahla mücadele söz konusu olduğunda, topluluğuma sık sık Hristiyanlarla Hristiyan olmayanlar arasındaki farkın, Hristiyan olmayan günah işlerken Hristiyanların günah işlememesi *olmadığını* söylerim. Aradaki fark, savaşta hangi tarafı seçtiğimizdir.

Hristiyanlar günaha karşı Tanrı'nın tarafında olurken, Hristiyan olmayanlar Tanrı'ya karşı günahın tarafındadırlar. Başka bir deyişle, bir Hristiyan günah işler ama sonra Tanrı'ya ve O'nun Sözü'ne döner ve "Günahla savaşmama yardım et" der. Hristiyan olmayan bir kişiyse, günahını kabul etse bile, "Günahımı Tanrı'dan daha çok istiyorum" der.

Sağlıklı bir kilise, mükemmel ve günahsız bir kilise değildir. Henüz her şeyi çözmemiştir. Aksine, dünyanın, benliğimizin ve Şeytan'ın Tanrı karşıtı arzularına ve aldatmalarına karşı yapılan bu savaşta, sürekli olarak Tanrı'nın tarafını tutmaya çalışan bir kilisedir. Sürekli olarak Tanrı Sözü'ne göre şekillenmeyi amaçlayan bir kilisedir.

Size daha kesin bir tanım vereyim ve sonrasında bu tanımı destekleyen birkaç Kutsal Kitap metnine bakacağız. *Sağlıklı bir kilise, Tanrı'nın kendi Sözü'nde açıkladığı karakterini aynı şekliyle gün geçtikçe daha da fazla yansıtan bir topluluktur.*

Yani eğer bir pastör bana, kendisini ne tür bir kiliseye sahip olmaya teşvik edeceğimi soracak olursa, "Tanrı'nın kendi Sözü'nde

Her Kilisenin Olmayı İstemesi Gereken Şey: Sağlıklı Olmak

açıkladığı karakterini aynı şekliyle gün geçtikçe daha da fazla yansıtan, sağlıklı bir kilse" diyebilirim.

Sevgili Hristiyan, seni hangi kilise için üyeliğe, hizmete ve sabırla çalışmaya teşvik edebilirim? Sağlıklı olan, Tanrı'nın kendi Sözü'nde açıkladığı karakterini aynı şekliyle gün geçtikçe daha da fazla yansıtan bir kiliseye.

Eğer dikkatlice okuduysanız, "-ebilmek" kalıbını kullanıp durduğumu fark etmişsinizdir. İki nedenden dolayı böyle yapıyorum. İlk olarak, bunun kiliselerin ne olması gerektiğini tarif etmemizin *tek* yolu olduğunu iddia etmek istemiyorum. Farklı durumlar ve amaçlar için farklı tarifler gerekebilir. Bir yazar kiliselerde yasacılık veya ahlaksızlık konularını ele almak isteyebilir ve bu sebeple şöyle bir tanım yapabilir: "Kiliselerimizin olabileceği en önemli şey, çarmıh merkezli olmaktır." Buna "amin" derdim. Ya da bir yazar, Kutsal Yazılar'ın kiliselerimizdeki eksikliğini ele almak isteyebilir ve bu durumda Kutsal Kitap merkezli kiliseler için bir çağrı yapabilir. Yine buna da "amin" derdim.

İkincisi, başka birisinin benim anlatmaya çalıştığımı daha iyi ifade edemeyeceğini varsaymak istemiyorum. Kiliselerimizde neyi hedeflememiz gerektiğine ilişkin inandığım temel Kutsal Kitap gayesini, şu an için açıklayabileceğim en iyi yolun bu olduğunu düşünüyorum. Bu hedef de, Tanrı'nın kendi Sözü'nde açıkladığı karakterini aynı şekliyle yansıtmaktır.

Hangi Hristiyan Bunu İstemez?

Tanrı'nın kendi Sözü'nde açıkladığı karakterini aynı şekliyle yansıtmak, Tanrı'nın Sözü'yle başlamak anlamına gelir. Kilisele rimizin *ne yapması* ve *nasıl olması* gerektiğini belirlemede neden "işe yarayan farklı şeylere" değil de Kutsal Kitap'a dönmeliyiz? Pavlus'un Efes kilisesinin pastörü Timoteos'a ikinci mektubunda,

Timoteos'a Kutsal Kitap sayesinde kendisinin "her iyi iş için donatılmış olarak yetkin" olacağını söyler. Başka bir deyişle, Kutsal Kitap'ın Timoteos'u ya da bizi donatmayacağı herhangi bir iyi iş yoktur. Kiliselerimizin yapması gerektiğini düşündüğü bir şey varsa ya da bu Tanrı'nın Sözü'nde *bulunmuyorsa*, bu durumda Pavlus hatalıdır çünkü bu durumda Kutsal Yazılar'ın bizi "her iyi iş için donatılmış olarak yetkin" kılacağı söylenemez.

Bu, Tanrı'nın bize verdiği iyi beyinleri kullanmamamız gerektiği anlamına mı geliyor? Hayır, sadece Kutsal Yazılar'la başlayalım ve ne bulacağımıza bakalım diyorum.

Tanrı'nın kendi Sözü'nde açıkladığı karakterini aynı şekliyle gittikçe daha da fazla yansıtan kiliseleri niçin amaçlamamız gerektiğini gösteren, Kutsal Kitap'ın hikâyesindeki altı farklı noktaya kısaca bakmak istiyorum. Biliyorsunuz ki, Kutsal Kitap'ın bir hikâyesi var. Bu hikâyenin sayısız alt konusu vardır ancak tüm bu alt konular bir büyük ana hikâyeye dahildir. Buradaki amacımız, bu hikâyenin içerisinde Tanrı'nın kilise için ne istediğinin ayrımına varıp varamayacağımızı görmektir.

1) YARATILIŞ

Yaratılış'ta, Tanrı bitkileri ve hayvanları her birini kendi "türüne göre" yarattı. Her elma diğer her elmaya benzer yaratılır ve her zebra diğer her zebraya benzer yaratılır. İnsanlık hakkındaysa, Kutsal Kitap şöyle der: "Kendi suretimizde, kendimize benzer insan yaratalım" (Yar. 1:26). İnsan diğer her insana benzer yaratılmamıştır. Tanrı'ya benzer yaratılmıştır. Benzersiz bir şekilde Tanrı'yı yansıtmakta veya O'na benzemektedir.

Tanrı'nın suretinde benzersiz bir şekilde yaratıldığımız göz önüne alındığında, insanlar yaratılışın geri kalanı karşısında Tanrı'yı ve Tanrı'nın yüceliğini benzersiz bir şekilde *yansıtmalıdır*. Babası gibi davranan ve babasının mesleki ayak izlerini takip eden bir oğul gibi (Yar. 5:1; Luk. 3:38), insan Tanrı'nın karakterini *temsil etmek* ve yaratılışı yönetmek için tasarlanmıştır: "... denizdeki balıklara, gökteki kuşlara, evcil hayvanlara, sürüngenlere, yeryüzünün tümüne egemen olsun" (Yar. 1:26).

2) DÜŞÜŞ

Ama insan Tanrı'nın hükümdarlığını temsil etmemeye karar verdi. Tanrı'ya karşı isyan etti ve kendi hükümdarlığını temsil etmenin peşinden gitti. Bu nedenle de Tanrı, insana istediğini verdi ve onu kendi huzurundan kovdu. İnsanın ahlaki suçluluğu artık kendi başına Tanrı'ya yaklaşamayacağı anlamına geliyordu.

Peki insanlar düşüşte Tanrı'nın suretini korudular mı? Evet, Yaratılış kitabı insanın hâlâ Tanrı'nın "suretinde" yaratılmış olduğunu teyit eder (Yar. 5:1; 9:6). Ancak hem suret hem de yansıması şimdi bozulmuştur. Bir bakıma ayna bükülmüştür ve bu yüzden de bozuk, yanlış bir görüntü yansımaktadır. Günahımızda bile Tanrı hakkında bir şeyler yansıtırız ve bu yansımada doğru ve yanlış iç içedir. Teologların tabiriyle, insan hem "suçlu" hem de "yozlaşmış" bir hale gelmiştir.

3) İSRAİL

Tanrı, yüce merhametiyle, bir grup insanı *kurtarmak* ve onları başlangıçtan beri yaratılış için var olan yüce tasarısı için, yani kendi görkemini göstermek için *kullanmak* üzere bir plana sahipti. Avram adında bir adama onu ve soyunu bereketleyeceğine dair bir söz verdi. Onlar da, tüm uluslara bir bereket olacaktı (Yar. 12:1-3). Onlara "kutsal ulus" ve "kâhinler krallığı" adını verdi (Çık. 19:5-7). Bunun anlamı, kendilerine verdiği yasaya (Adem'in yapması gerektiği gibi) uyarak Tanrı'nın karakterini ve yüceliğini yansıtmak ve uluslara bu yolda aracılık etmek için özel olarak ayrılmış olduklarıydı. Tanrı İsrail'e, "Dünyaya benim nasıl olduğumu gösterin" diyordu. "Kutsal olun, çünkü ben kutsalım" (Lev. 11:44; 19:2; 20:7).

Tanrı, bu milleti "oğlu" olarak bile adlandırdı çünkü oğulların babalarının ayak izlerini takip etmeleri beklenirdi (Çık. 4:22-23). Onlara verdiği topraklarda bu oğulla birlikte yaşamanın sözünü verdi. Bu, ulusun üzerinde Tanrı'nın görkemini sergileyebileceği bir platform gibiydi (1.Kr. 8:41-43). Yine de Tanrı, eğer itaatkâr olmazsa ve kutsal karakterini göstermezse, onu topraklardan atacağı konusunda bu oğlu uyardı. Uzun lafın kısası, oğul itaat etmedi ve Tanrı onu huzurundan ve o topraklardan attı.

4) MESİH

Eski İsrail'den çıkarılacak ana derslerden biri, düşmüş insanların kendi hallerine bırakıldıkları zaman, Tanrı'nın yasasının, Tanrı'nın toprağının ve Tanrı'nın varlığının tüm faydalarına sahip olsalar bile, Tanrı'yı yansıtamamalarıdır. Her birimizin İsrail'in hikâyesini görüp kendisini alçaltması gerekir! Tanrı'yı sadece kendisi yansıtabilir ve sadece Tanrı bizi günahtan ve ölümden kurtarabilir.

Böylece Tanrı, tek ve biricik ilahi Oğlu'nu "insan biçimine bürünmüş olarak" gönderdi (Flp. 2:7). Babası'nın kendisinden çok memnun olduğu bu sevgili Oğul, kendini Tanrı'nın hükümdarlığına tam anlamıyla sundu ve itaat etti. Adem'in yapmadığı şeyi yaparak Şeytan'ın ayartmasına karşı koydu. Çölde oruç tutarken, ona şu karşılığı verdi: "'İnsan yalnız ekmekle yaşamaz, Tanrı'nın ağzından çıkan her sözle yaşar' diye yazılmıştır" (Mat. 4:4).

Ayrıca İsrail'in yapmadığı şeyi yaptı. O, Baba'nın yasasına ve isteğine kusursuz bir şekilde uygun olarak yaşadı: "...Kendiliğimden hiçbir şey yapmadığımı, ama tıpkı Baba'nın bana öğrettiği gibi

Her Kilisenin Olmayı İstemesi Gereken Şey: Sağlıklı Olmak

konuştuğumu anlayacaksınız" (Yu. 8:28; ayrıca bkz. 6:38; 12:49).

Babası'nı mükemmel bir şekilde yansıtan bu Oğul, öğrencisi Filipus'a, "Beni görmüş olan, Baba'yı görmüştür" dedi (Yu. 14:9).

Baba ve Oğul birbirine benzer.

Geriye dönüp baktığımızda, Yeni Antlaşma mektuplarının yazarlarının O'na "görünmez Tanrı'nın görünümü" (Kol. 1:15) ve "Tanrı yüceliğinin parıltısı, O'nun varlığının öz görünümü" (İbr. 1:3) olarak hitap ettiğini görürüz. Son Adem ve yeni İsrail olarak, İsa Mesih Tanrı'nın insandaki suretini yeniden inşa etmiştir.

Yine de Mesih, Tanrı'nın yüce kutsallığını yasaya itaat ederek değil, Tanrı'nın yüce merhametini ve sevgisini, günahkârlar için çarmıhta ölerek, hak ettikleri suçun cezasını ödeyerek gösterdi (Yu. 17:1-3). Onların yerine kurban olma durumu, Tanrı'nın Eski Antlaşma'nın başından beri işaret ettiği bir şeydir. Günah işledikten sonra Adem ve Havva'nın çıplaklığını örtmek için öldürülen hayvanları düşünün. Tanrı'nın İshak'ı kurtarmak için, İbrahim'e ve İshak'a çalılıkta nasıl bir koç kurban verdiğini bir düşünün. Kardeşleri tarafından kurban edilen ve gönderilen oğlu, Yusuf'u düşünün. Bu, kendisinin bir gün bir ulusa aracılık edebilmesi amacıyla yaşanmıştı. İsrail halkını, İsrail'in ilk doğan oğullarını korumak için evlerinin kapılarına bir kuzunun kanını süren insanları düşünün. İsrailli ailelerin nasıl günah sunularını tapınak avlusuna getirdiklerini, ellerini bir hayvanın kafasına yerleştirdiklerini ve sonra boğazını kestiklerini düşünün. Şöyle diyorlardı: "Hayvandan dökülen kan, aslında benim kanım olmalıydı." Tüm insanlar için kefaret kurbanı sunmak üzere yılda bir kez En Kutsal Yer'e giren başkâhini düşünün. Peygamber Yeşaya'nın sözünü düşünün: "Oysa, bizim isyanlarımız yüzünden onun bedeni deşildi. Bizim suçlarımız yüzünden o eziyet çekti. Esenliğimiz için gerekli olan ceza O'na verildi. Bizler onun yaralarıyla şifa bulduk" (Yşa. 53:5).

Bütün bunlar ve çok daha fazlası, Tanrı'nın kurban kuzusu olarak çarmıha gerilen İsa Mesih'e işaret eder. Odada öğrencilerine söylediği gibi, tövbe ve iman edenlere "kanıyla gerçekleştirilen Yeni Antlaşma"yı sundu.

5) KİLİSE

Mesih'in ölümüne ve dirilişine vaftiz edildiğimizde, günahları içinde ölü olan bizler diriltiliriz. Pavlus şöyle der: "Çünkü Mesih İsa'ya iman ettiğiniz için hepiniz Tanrı'nın oğullarısınız. Vaftizde Mesih'le birleşenlerinizin hepsi Mesih'i giyindi" (Gal. 3:26-27). Ayrıca şöyle ekler: "Oğullar olduğunuz için Tanrı öz Oğlu'nun 'Abba! Baba!' diye seslenen Ruhu'nu yüreklerinize gönderdi" (Gal. 4:6).

Tanrı'nın bu oğulları ne yapmalıdırlar? Oğul'un ve göklerdeki Babamız'ın *karakterini, benzeyişini, suretini* ve *zaferini* yansıtmamız gerekiyor!

Rabbimiz İsa Mesih bizlere "barışı sağlayanlar" olmamızı söylüyor çünkü Baba, Oğlu'nun kurbanı aracılığıyla kendisi ve bizim aramızda barışı sağlamıştır (Mat. 5:9).

İsa bize "düşmanlarınızı sevin" der çünkü göklerdeki Babamız bir zamanlar kendi düşmanı olan bizi sevdi (Mat. 5:45; Rom. 5:8).

İsa, bizi sevmek için kendi hayatını verdiğinden dolayı ve sevgimizle bu dünyaya kendisinin nasıl ve ne olduğunu göstereceğimiz için, bize "birbirinizi sevin" der (Yu. 13:34-35).

İsa, kendisi Baba'yla bir olduğu gibi, bizlerin "bir olması" için dua eder (Yu. 17:20-23).

İsa bize, "göksel Babanız yetkin olduğu gibi, siz de yetkin olun" der (Mat. 5:48).

İsa bize tüm uluslarda "insan tutan balıkçılar olun ve bütün ulusları öğrencilerim olarak yetiştirin" der (Mat. 4:19; 28:19). Bizi tıpkı Baba'nın O'nu gönderdiği gibi gönderir (Yu. 20:21).

Her Kilisenin Olmayı İstemesi Gereken Şey: Sağlıklı Olmak

Baba, Oğul ve diğer oğullar birbirine benzer.

Mesih'in gerçekleştirdiği eylem aracılığıyla günahlarından aklanmış ve Ruh'un işleyişiyle kendisine yeni yaratılış, yeniden doğmuş yürekler verilmiş olan O'nun halkı, Tanrı'nın mükemmel suretini yeniden düzeltmeye başlamıştır. Mesih bizim İlk örneğimizdir (1.Ko. 15:23). Perdeyi kaldırmış ve kilisenin Baba'nın suretini bir kez daha görebilmesinin yolunu açmıştır (2.Ko. 3:14, 16). Tanrı'nın suretini şimdi imanla görüyoruz ve "Rab'bin yüceliğini görerek yücelik üstüne yücelikle O'na benzer olmak üzere değiştiriliyoruz" (2.Ko. 3: 18).

Sadece iki ayette, Tanrı'nın kilisesi için olan amacının nasıl özetlendiğini görmek ister misiniz? Pavlus şöyle diyor:

> Öyle ki, Tanrı'nın çok yönlü bilgeliği, kilise aracılığıyla göksel yerlerdeki yönetimlere ve hükümranlıklara şimdiki dönemde bildirilsin. Bu, Tanrı'nın başlangıçtan beri tasarladığı ve Rabbimiz Mesih İsa'da yerine getirdiği amaca uygundu. (Ef. 3:10-11)

Kilise, Tanrı'nın çok yönlü bilgeliğini nasıl gösterir? Ancak ve ancak bilgelik sahibi bir Tanrı, O'ndan ve birbirlerinden uzaklaşmış günahkâr bir halkı kurtarırken, O'nun sevgisini ve adaletini pekiştirmenin bir yolunu yaratabilirdi. Yine sadece bilgelik sahibi bir Tanrı taş kalplerini, O'nu seven ve öven etten kalplere dönüştürmenin bir yolunu yaratabilirdi. Tüm evrendeki kozmik güçler baksın ve Rabbimiz'e hayran kalsın.

6) YÜCELİK

Mesih'i tüm görkemiyle mükemmel bir şekilde gördüğümüz zaman bizler O'nu mükemmel bir şekilde yansıtacağız: "Ancak, Mesih göründüğü zaman O'na benzer olacağımızı biliyoruz. Çünkü O'nu olduğu gibi göreceğiz" (1.Yu. 3: 2). O'nun gibi kutsal. O'nun gibi sevgi dolu. O'nun gibi birlik içinde. Bu ayet, birer Tanrı olacağımızı vaat etmiyor. Ruhlarımızın güneşe bakan mükemmel aynalar gibi, Tanrı'nın karakteri ve ihtişamıyla parlak bir şekilde parlayacağını vaat ediyor.

Hikâyeyi buraya kadar takip ettiniz mi? Size bir özet vereyim. Tanrı dünyayı ve insanlığı, kendi karakterini ve yüceliğini göstermek için yarattı. Tanrı'nın karakterini yansıtması gereken Adem ve Havva bunu yapmadı. İsrail halkı da yapmadı. Böylece Tanrı, Oğlu'nu kutsal ve sevgi dolu karakterini yansıtmaya ve dünyanın günahlarına karşı Tanrı'nın gazabını ortadan kaldırmaya gönderdi. Mesih'te Tanrı, Tanrı'yı göstermek için geldi. Yine Mesih'te Tanrı, kurtarmak için geldi.

Şimdi kendisine Mesih'in yaşamı ve Kutsal Ruh'un gücü bahşedilmiş olan kilise, Tanrı'nın büyük bilgeliğine ve kurtarışına tanıklık ederek, Tanrı'nın karakterini ve yüceliğini tüm evrene göstermeye çağrılmaktadır.

Sevgili dostum, bir kilisede ne arıyorsun? İyi müzik mi? Hareketli bir atmosfer mi? Geleneksel bir ibadet düzeni mi? Peki,

Kendisi hakkındaki gerçeği duyurdukları için . . .
Tanrı'nın tüm göksel varlıklar önünde yüceliğini göstermek için kullanmak istediği . . .
affedilmiş. . .
ve giderek onun gibi görünen, kutsal, sevgi dolu, birlik içinde olan bir grup isyankâra ne dersiniz?

DÖRDÜNCÜ BÖLÜM

NASIL YAPILIR REHBERİ:
TANRI'NIN KARAKTERİNİ NASIL YANSITIRIZ?

Kitaplık rafları inşa etmek, ses sisteminin kablolarını bağlamak, telefonumdaki tuşların ne işe yaradığını bulmak vb. evdeki işlerle ilgili şeylerde çok iyi olmadığımı itiraf ediyorum. Hatta çoğu el kitapçığından da pek faydalanamıyorum. Genellikle kendimi aile üyelerinin ve arkadaşların merhametine ve marifetine teslim etmek zorunda kalıyorum.

Bu pratik alanlardan bazılarındaki beceri eksikliğimin, Kutsal Kitap'ın kilisenin Tanrı'nın yüce karakterini nasıl gösterebileceği hakkında söylediği nihai "nasıl yapılır kılavuzunu" takip etmek açısından hiçbir engel teşkil etmemesinden ötürü minnettarım. Buradaki temel ilke oldukça basittir: Tanrı'nın Sözü'nü dinlemeli ve onu takip etmeliyiz. Sadece iki adım: dinle ve takip et.

Tanrı'nın Sözü'nü dinleyerek ve takip ederek, bir kralın elçileri gibi biz de Tanrı'nın karakterini ve görkemini yansıtır ve sergileriz.

Ya da bir oğul gibi. Babası uzak bir ülkeye seyahat eden ve daha sonra kendisine bir dizi mektup yazan, ona aile adını nasıl taşıyacağını ve aile mesleğini nasıl yürüteceğini anlatan bir oğlu düşünün. Yine de oğlun babasının mektuplarını hiç okumadığını varsayın. Bu oğul, babayı temsil etmeyi ve babasının işini yürütmeyi nasıl öğrenecektir? Bunları yapamaz. Tanrı'nın Sözü'nü görmezden gelen yerel kilise de yapamaz.

Adem, Tanrı'nın Sözü'ne itaat etmediği için bahçeden atıldığından beri, tüm insanlık iki farklı kola bölünmüştür: Tanrı'nın Sözü'ne itaat edenler ve etmeyenler. Nuh itaat etti. Babil'i inşa edenler etmedi. İbrahim etti. Firavun etmedi. Davut etti. Oğullarının çoğu etmedi. Zakkay etti. Pilatus etmedi. Pavlus etti. Sözde elçiler etmedi.

Bunun gibi, kilise tarihi boyunca da saymaya devam edebiliriz. Atanasyus etti. Aryus etmedi. Luther etti. Roma etmedi. Machen etti. Fosdick etmedi.

Kesinlikle bu ikinci gruba dair ilahi, yanılmaz bir anlayışa sahip olduğumu iddia etmiyorum. Ancak Kutsal Kitap tarihi, Tanrı'nın halkını hem sahtekârlardan hem de imansızlardan ayıran şeyin, Tanrı'nın halkının O'nun sözünü dinlemesi ve O'na kulak vermesi olduğunu bize güvenilir bir şekilde öğretmektedir. Diğer insanlarsa bunu yapmazlar.

Musa'nın, kendisi vaat edilen toprakların kenarında İsrail halkıyla ikinci kez dururken, Yasa'nın Tekrarı'nda iletmek için bu kadar büyük acılar çektiği nokta budur. Onlara kırk yıl önce atalarının orada durduğunu ve atalarının söz dinlemediğini hatırlatarak başlar. Bu yüzden Tanrı, vahşi doğada ölmeleri için atalarını lanetlemişti. Neredeyse otuz bölüm boyunca süren üç konuşma, oldukça basit bir şekilde şöyle özetlenebilir: "Dinleyin. Duyun. Bir köşeye yazın. Tanrı'nın söylediklerini hatırlayın. Sizi Mısır'daki esaretten kurtaran oydu ve o yüzden de O'nu dinleyin!" 30. bölümdeyse Musa, söylediği her şeyin ne denli ciddi olduğunu şu tek buyrukla vurguluyor "Yaşamı seçin" (19. ayet).

Tanrı'nın halkı, yaşamı yalnızca tümüyle Tanrı'nın Sözü'nü dinleyerek ve O'na itaat ederek bulacaktır. Bu kadar basit.

Tanrı'nın Yeni Antlaşma kilisesine yönelik mesajı da farklı değildir. Sözü'nü dinleyip ona inandığımızda, bizi günah ve ölümün esaretinden kurtardı (Rom. 10:17). Şimdiyse O'nun Sözü'nü dinler ve takip ederiz. Dediklerini dinleyerek ve onları takip ederek, artan bir şekilde O'nun karakterini ve görkemini yansıtırız.

Birisi şöyle itiraz edebilir: "Bu içe dönük bir odaklanmaymış gibi geliyor. Kilise dışa dönük hizmetlere odaklanmaya çağrılmadı mı? Müjdelemeye çağrılmadı mı?" Kesinlikle bu şeylere de çağrılmıştır. Bu, Tanrı'nın karakterini göstermenin bir parçasıdır. İsa, "Ardımdan gelin. Sizleri insan tutan balıkçılar yapacağım" demiştir (Mat 4:19) veya başka bir yerde dediği şekliyle, "Baba beni gönderdiği gibi, ben de sizi gönderiyorum" (Yu. 20:21). Müjdeleme hizmetleri, kişisel olarak müjdeleme ve egemenliğe yönelik işler yaptığımızda, bunu Tanrı'nın Sözü'ne uyarak, bu durumda Matta 4:19, Yuhanna 20:21 ve daha birçok metne uyarak yaparız. Bunları, bazı teologlar bu şeyleri öğrettiği için ve hepimiz bunların iyi bir fikir olduğuna katıldığımız için yapmayız. *Tanrı kendi Sözü'nde bunları yapmamızı söylediği için* vaaz ediyor, müjdeliyor ve egemenliğin gereklerini yapıyoruz.

Sonuçta tarih, esas olarak müjdeleme yapanlar ve yapmayanlar arasında bölünmüş değildir. Kiliseyi *temel olarak* tanımlayan şey bu değildir. Esas ayrım, Tanrı'yı dinleyenler ve dinlemeyenlerdir.

Matta da İsa'nın Şeytan'a "İnsan yalnız ekmekle yaşamaz, Tanrı'nın ağzından çıkan her sözle yaşar" deyişini (Mat. 4:4) ve aynı zamanda da İsa'nın öğrencilerine söylediği son sözleri bu nedenle bildirmiştir. İsa onlara ulusları öğrenciler olarak yetiştirmeleri, onları vaftiz etmeleri ve "size buyurduğum her şeye uymayı onlara öğretin" buyruğunu vermiştir (Mat. 28:20).

Markos da bu yüzden İsa'nın dört farklı toprakta ekilen tohumla ilgili benzetmesini Tanrı'nın Sözü hakkındaki bir benzetme olarak bildirmiştir (Mar. 4). Bazıları bunu kabul edecek. Bazılarıysa etmeyecektir.

Luka da bu yüzden kendini bir görgü tanığı ve Tanrı Sözü'nün bir hizmetkârı olarak tanımlar (Luk. 1: 2) ve İsa'nın, "Ne mutlu... Tanrı'nın sözünü dinleyip uygulayanlara!" şeklindeki vaadini aktarır (Luk. 11:28).

Yuhanna da bu yüzden İsa'nın Petrus'a söylediği son sözleri üç kez tekrarlandığı şekliyle aktarmıştır: "Koyunlarımı otlat" (Yu. 21:15-17). Onları neyle otlatmak gerekir? Tanrı Sözü'yle.

Elçilerin İşleri'nde de erken dönemdeki kilise toplandığında, bu yüzden "kendilerini elçilerin öğretisine, paydaşlığa, ekmek bölmeye ve duaya" adamışlardır (Elç. 2: 42).

Pavlus da **Romalılar**'a bu yüzden, "İman, haberi duymakla, duymak da Mesih'le ilgili sözün yayılmasıyla olur" demiştir (Rom. 10:17).

Kendisi bu yüzden **Korintliler**'e, "Çarmıhla ilgili bildiri mahva gidenler için saçmalık, biz kurtulmakta olanlar içinse Tanrı gücüdür" (1.Ko. 1:18) ve "Tanrı iman edenleri saçma sayılan bildiriyle kurtarmaya razı oldu" demiştir (1.Ko. 1:21). Bu yüzden daha sonra aynı kiliseye, "Birçokları gibi, Tanrı'nın sözünü ticaret aracı yapanlar değiliz" ya da "Tanrı'nın sözünü de çarpıtmayız. Gerçeği ortaya koyarak kendimizi Tanrı'nın önünde her insanın vicdanına tavsiye ederiz" demiştir. (2.Ko. 2:17; 4:2).

Bu yüzden **Galatyalılar**'a, "Bir kimse size kabul ettiğinize ters düşen bir müjde bildirirse, ona lanet olsun!" demiştir (Gal. 1:9).

Bu yüzden **Efesliler**'e: "Gerçeğin bildirisini, kurtuluşunuzun Müjdesi'ni duyup O'na iman ettiğinizde, siz de vaat edilen Kutsal Ruh'la O'nda mühürlendiniz" demiştir (Ef. 1:13). Onlara aynı zamanda şöyle söylemiştir: "Kendisi kimini elçi, kimini peygamber, kimini müjdeci, kimini önder ve öğretmen atadı. Öyle ki, kutsallar hizmet görevini yapmak ve Mesih'in bedenini geliştirmek üzere donatılsın. Sonunda hepimiz imanda ve Tanrı Oğlu'nu tanımada birliğe, yetkinliğe, Mesih doluluğundaki olgunluk düzeyine erişeceğiz" (Ef. 4:11-13).

Bu yüzden **Koloseliler**'e şöyle demiştir: "Mesih'in sözü bütün zenginliğiyle içinizde yaşasın. Tam bir bilgelikle birbirinize öğretin, öğüt verin, mezmurlar, ilahiler, ruhsal ezgiler söyleyerek yüreklerinizde şükranla Tanrı'ya nağmeler yükseltin" (Kol. 3:16).

Bu yüzden **Filipililer**'e, "Kardeşlerin çoğu da zincire vuruluşumdan ötürü Rab'be güvenerek Tanrı'nın sözünü korkusuzca söylemekte daha da cesur davranıyorlar" demiştir (Flp. 1:14).

Bu yüzden **Selanikliler**'e şöyle demiştir: "Tanrı'ya sürekli şükretmemiz için bir neden daha var: Tanrı sözünü bizden duyup kabul ettiğiniz zaman bunu insan sözü olarak değil, gerçekte olduğu gibi, Tanrı sözü olarak benimsediniz. Siz imanlılarda etkin olan da bu sözdür" (1.Se. 2:13) ve yine bu yüzden onlara, "Öyleyse dayanın, kardeşlerim! İster sözle ister mektupla, size ilettiğimiz öğretilere sımsıkı tutunun" demiştir (2.Se. 2:15).

Bu yüzden öğrencisi **Timoteos**'a, kilise için seçtiği ihtiyarların "öğretmeye yetenekli" olmaları gerektiğini söylerken, kilisesinde görev yapan diyakonlar için de şunu demiştir: "Temiz vicdanla imanın sırrına sarılmalıdırlar" (1.Ti. 3:2, 9). Bir sonraki mektupta, Timoteos'a kendisinin iş tanımının temelinde yatan şeyin şu basit gerçek olduğunu anlatır:

Tanrı Sözü'nü duyur: Zaman uygun olsun olmasın, bu görevi sürdür. İnsanları tam bir sabırla eğiterek ikna et, uyar, isteklendir. Çünkü öyle bir zaman gelecek ki, sağlam öğretiye katlanamayacaklar. Kulaklarını okşayan sözler duymak için çevrelerine kendi arzularına uygun öğretmenler toplayacaklar. Kulaklarını gerçeğe tıkayıp masallara sapacaklar. (2.Ti. 4:2-4)

Bu yüzden **Titus**'la birlikte sevinmiştir: "Kurtarıcımız Tanrı'nın buyruğuyla bana emanet edilen bildiride Tanrı, kendi sözünü uygun zamanda açıklamıştır" (Tit. 1:3).

Bu yüzden Pavlus, **Filimon**'u "imanı" aktif bir şekilde paylaşmaya teşvik etmiştir. "İman" kelimesi kişisel, anlık bir duygu durumuna değil, sınırları çizilmiş birtakım inançlara atıfta bulunmaktadır (Fil. 6).

İbraniler yazarı bu yüzden şu uyarıda bulunmuştur: "Tanrı'nın sözü diri ve etkilidir, iki ağızlı kılıçtan daha keskindir. Canla ruhu, ilikle eklemleri birbirinden ayıracak kadar derinlere işler; yüreğin düşüncelerini, amaçlarını yargılar" (İbr. 4:12).

Bu yüzden **Yakup**, okuyucularına Tanrı'nın bizleri "kendi isteği uyarınca, gerçeğin bildirisiyle yaşama kavuşturduğunu" söylemiş ve şöyle demiştir: "Tanrı sözünü yalnız duymakla kalmayın, Sözün uygulayıcıları da olun" (Yak. 1:18, 22).

Bu yüzden **Petrus**, farklı bölgelere dağılmış olan kutsallara şunları hatırlatmıştır: "Çünkü ölümlü değil, ölümsüz bir tohumdan, yani Tanrı'nın diri ve kalıcı sözü aracılığıyla yeniden doğdunuz" (1Pe. 1:23) ve "Rab'bin sözü sonsuza dek kalır" (1:25). Ayrıca ikinci mektubunda da bu yüzden şöyle yazmıştır: "Öncelikle şunu bilin ki, Kutsal Yazılar'daki hiçbir peygamberlik sözü kimsenin özel yorumu değildir. Çünkü hiçbir peygamberlik sözü insan isteğinden kaynaklanmadı. Kutsal Ruh tarafından yöneltilen insanlar Tanrı'nın sözlerini ilettiler" (2.Pe. 1:20-21).

Bu yüzden **Yuhanna** şöyle yazmıştır: "Ama O'nun sözüne uyan kişinin Tanrı'ya olan sevgisi gerçekten yetkinleşmiştir. Tanrı'da olduğumuzu bununla anlarız. 'Tanrı'da yaşıyorum' diyen, Mesih'in yürüdüğü yolda yürümelidir" (1.Yu. 2:5-6). Yine bu yüzden şunları demiştir: "O'nun buyruğu sevgi yolunda yürümenizdir" (2.Yu. 1:6) ve "Benim için, çocuklarımın gerçeğin izinden yürüdüklerini duymaktan daha büyük bir sevinç olamaz!" (3.Yu. 1:4).

Bu yüzden **Yahuda** neredeyse tüm mektubunu okurlarını sahte öğretmenlere karşı uyararak geçirmiş ve şu vaadi vurgulamıştır "İşte Rab herkesi yargılamak üzere on binlerce kutsalıyla geliyor. Tanrı yoluna aykırı, tanrısızca yapılan bütün işlerden ve tanrısız günahkârların kendisine karşı söylediği bütün ağır sözlerden ötürü Rab, bütün insanlara suçluluklarını gösterecektir" (Yah. 15).

İsa Mesih, **Vahiy** kitabında Filadelfiya'daki kiliseyi bu yüzden şöyle takdir etmiştir: "Gücünün az olduğunu biliyorum; yine de sözüme uydun, adımı yadsımadın" (Vah. 3:8).

Sevgili dostum, kilise Tanrı'nın Sözü'nü dinlerken yaşamını bulur. Tanrı Sözü'nü yaşar ve sergilerken amacını bulur. Kilisenin işi dinlemek ve sonra bunu yansıtmaktır. İşte bu. Kiliselerin bugün karşılaştığı temel zorluk, "zamana uygun", "stratejik", "duyarlı" ya da "maksatlı" olmanın yolunu bulmak değildir. Asıl sorun, Tanrı'ya nasıl sadık olacağını, yani O'nu nasıl dinleyeceğini, O'na nasıl güveneceğini ve O'na nasıl itaat edeceğini bulmaktır.

Bu anlamda, biz de tıpkı İsrail halkı gibi vaat edilen topraklara girmeye hazırlanıyoruz. Tanrı bize şöyle diyor: "Ey kilise, dinle: Beni takip et!" İyi haber şu ki, etnik İsraillilerden farklı olarak, elimizde Tanrı'nın İsa Mesih'teki vahyinin tümü, bütün açıklığıyla mevcuttur. Ayrıca kurtuluşumuzun mührü ve vaadi olan Oğlu'nun

Ruhu'na sahibiz. Bu kitabın ikinci yarısına girerken dinlemeye devam etmek istememizin de sebebi bu. Tanrı kendi Sözü'nde sağlıklı bir kilise hakkında bize başka ne öğretiyor? Üzerinde durmaya başlayacağımız konu olan sağlıklı bir kilisenin dokuz işareti, umarım, sadece benim fikirlerimden ibaret değildir. Bunlar sadece benim *hepimizin* Söz'ü dinlemeye devam etmesi için yaptığım girişimlerdir. İçindekiler tablosuna tekrardan bakın ve şu başlıklara dikkat ederseniz, ne demek istediğimi de görürsünüz: açıklayıcı (veya *Kutsal Kitap'a dayalı*) vaaz, *Kutsal Kitap* teolojisi, *Kutsal Kitap'a dayalı* iyi haber anlayışı, *Kutsal Kitap'a dayalı* Mesih'e dönme anlayışı, *Kutsal Kitap'a dayalı* kilise üyeliği anlayışı, *Kutsal Kitap'a dayalı* kilise disiplini vb.

Takip eden bölümlerde söylediğim bir şeye katılmasanız bile, umarım bunun sebebi, Kutsal Kitap'ın düşündüğümüzden farklı bir şey söylediğini düşünmeniz olmaz. Başka bir deyişle, umuyorum ki siz de yerel kilisenin ne olması gerektiğiyle ve ne yapması gerektiğiyle ilgili düşünürken, bunu Söz'ü dinleyip O'nun rehberliğinde yapıyorsunuzdur.

KISA İPUÇLARI:
EĞER BİR KİLİSEDEN AYRILMAYI DÜŞÜNÜYORSANIZ...

Ayrılmaya Karar Vermeden Önce
1. Dua edin.
2. Başka bir kiliseye gitmeden veya başka bir şehre taşınma kararı almadan önce, şu anki pastörünüzle düşüncelerinizi paylaşın. Ona danışın.
3. Sebeplerinizi gözden geçirin. Ayrılma isteğinizin nedeni günahlı, kişisel bir tartışma veya bir hayal kırıklığı mı? Eğer bu isteğiniz doktrinsel (teolojik) sebeplerden dolayıysa, bu doktrinsel konular gerçekten de önemli konular mı?
4. Bozulan her ilişkiyi düzeltmek için elinizden gelen her şeyi yapın.
5. Kilisenizin yaşamında Tanrı'nın işlerinin belirgin olduğu bütün noktaları, yani bütün "lütuf kanıtları"nı düşünün. Eğer Tanrı'nın lütfuna dair hiçbir kanıt göremiyorsanız, yüreğinizi bir kez daha sınamanız gerekli olabilir (Mat. 7:3-5).
6. Alçakgönüllü olun. Her şeyi bilmediğinizi kabul edin ve insanlara ve içinde bulunulan durumlara merhametle yaklaşın (diğerleri hakkında en iyisini düşünün).
7. Bedeni (kiliseyi) bölmeyin.
8. En yakın arkadaşlarınızın yüreğine bile dargınlık tohumları ekmemek adına elinizden gelen her şeyi yapın. Bu kilisenin lütufta büyümesini engelleyecek hiçbir şey yapmamanız gerektiğini hatırlayın. İçinizden gelen dedikodu yapma arzusunu reddedin ("içinizi boşaltmak" ya da "nasıl hissettiğinizi söylemek" adı altında bile olsa).
9. Topluluk ve önderleri için dua edin ve onları bereketleyin. Bunu pratik anlamda da yapabilmenin yollarını arayın.
10. Eğer bir kırgınlık olduysa, affedin, tıpkı affedildiğiniz gibi.

2. KISIM

SAĞLIKLI BİR KİLİSENİN TEMEL İŞARETLERİ

SAĞLIKLI BİR KİLİSENİN
TEMEL İŞARETLERİ

Sağlıklı kiliseler istediğimize karar verdik. Biz Tanrı'nın kendi Sözü'nde açıkladığı karakterini aynı şekliyle gün geçtikçe daha da fazla yansıtan kilise toplulukları istiyoruz. Büyük de olabilirler. Küçük de olabilirler. Şehirde de olabilirler. Köyde de olabilirler. Evde de, özel binalarda da, okullarda da veya dükkanlarda da toplanabilirler. Yeter ki, dünyaya kutsal ve sevgi dolu Tanrımız'ın nasıl olduğunu göstersinler. Sözleriyle ve eylemleriyle, Tanrı'nın muhteşem görkemine tanıklık etsinler.

Öyleyse dikkate almak zorunda olduğumuz soru şudur: *Sağlıklı bir kilisenin göstergesi nedir?*

Eğer sağlıklı bir fiziksel bedenin korunmasından bahsediyorsak, konuşma bu noktada dengeli bir beslenme düzeni, egzersiz yapma, yeterli uyku ve benzeri konulara gelecektir. Peki ya kilise bedeni?

Bu bölüm ve sonraki bölüm boyunca, sağlıklı bir kilisenin dokuz işaretini ortaya koyacağım. Bu işaretler bir kişinin kilise hakkında söylemek isteyeceği her şey değildir. Hatta bunlar kati suretle bir kiliseye ilişkin en önemli şeyler bile değildir. Örneğin, vaftiz ve Rab'bin Sofrası, kilise tarihini okuyanların size söyleyeceği gibi, Kutsal Kitap'a uygun bir kilisenin olmazsa olmaz unsurlarıdır. Yine de bu konuları burada doğrudan tartışmıyoruz. Bunun nedeni hemen hemen bütün kiliselerin bunları en azından uygulama niyetine sahip olmalarıdır. Burada tartışılan dokuz özellik sağlam, sağlıklı, Kutsal Kitap'a dayanan bir kiliseyi, daha hastalıklı kardeşlerinin çoğundan ayırt edebilecek işaretlerdir. Bu dokuz işaret bugün çok nadiren görülmekte ve bu nedenle, dikkatimizin bunlara çekilmesine ve kiliselerimizde bu işaretlerin ortaya çıkarılmasına özel bir ihtiyaç vardır.

Bu bölümde sağlıklı bir kilisenin üç *temel* işareti olarak adlandırdığım şeyi anlatacağım. Temel işaretler her anlamda temeldir, esastır. Açıklayıcı vaazı, Kutsal Kitap teolojisini ve Kutsal Kitap'a dayalı Müjde anlayışını ortadan kaldırdığınızda, bu kilisenin sağlığının hızlı ve radikal bir şekilde bozulduğuna şahit olursunuz. Hatta, kilisenin son kullanma tarihinin yakın zamanda geçtiğini bile görebilirsiniz (teknik olarak kapıları açık olsa bile).

Ne yazık ki, kilise tarihi belki de iyi niyetle, bu üç işaretten birini tehlikeye atarak kiliselerini daha "çağdaş" veya "zamana uygun" yapmaya çalışan sayısız pastör örneğiyle doludur. Bir anlamda, bu kişiler Tanrı'dan daha akıllı olmaya çalıştılar. Sevgili dostum, bu yolu takip etme.

Bir adam beni arar ve bana kendisinin açıklayıcı vaaz vermesini istemeyen bir kilisede pastörlük yapmayı kabul edip etmemesi gerektiğini sorarsa, muhtemelen izleyeceğim yol, onu bu pozisyonu kabul etmekten vazgeçirmek olacaktır. Bir Hristiyan beni arar ve sahte bir müjdenin kilisesinin kürsüsünden sürekli olarak öğretildiğini söylerse, muhtemelen onu kilisesini değiştirmeyi düşünmeye teşvik ederim.

Bunu neden mi bu kadar güçlü bir şekilde vurguluyorum? Birisini aslında gerçekten yemeğin değil ancak sadece yemek resimlerinin servis edildiği bir restorana gitmekten nasıl vazgeçireceksem, bunu da aynı nedenden dolayı yaparım. Ancak ve ancak Tanrı'nın Sözü yaşam verir!

BEŞİNCİ BÖLÜM

SAĞLIKLI BİR KİLİSENİN TEMEL İŞARETLERİNDEN BİRİ: AÇIKLAYICI VAAZ

Eğer sağlıklı bir kilise, Tanrı'nın kendi Sözü'nde açıkladığı karakterini aynı şekliyle gün geçtikçe daha da fazla yansıtan bir kiliseyse, sağlıklı bir kilise inşa etmeye başlamak için en bariz ve en iyi yer, Hristiyanları Tanrı'nın Sözü'nü dinlemeye çağırmaktır. Tanrı'nın Sözü tüm yaşamın ve sağlığın kaynağıdır. Bir kilisenin Müjde'yle ilgili anlayışını besleyen, geliştiren ve koruyan budur.

Bu, temelde açıklayıcı vaaz konusunda hem pastörlerin hem de toplulukların kararlı olmaları gerektiği anlamına gelir. Açıklayıcı vaaz, basit bir şekilde söylersek, Tanrı Sözü'nü açığa çıkaran vaaz türüdür. Kutsal Yazılar'dan belirli bir metni alır, bu metni açıklar ve daha sonra metnin anlamını topluluğun yaşamına uygular. Bu tür bir vaaz, Tanrı'nın söylediklerini hem kendi halkına hem de halkından olmayanlara iletmeye en çok adanmış türdür. Açıklayıcı vaaza adanmışlık, Tanrı'nın Sözü'nü duymaya adanmışlıktır.

Başka birçok vaaz türü vardır. Örneğin konuya dayalı vaaz, Kutsal Yazılar'dan bağış konusu gibi bir veya birkaç konuyu bir araya toplar. Biyografik vaaz, Kutsal Kitap'taki bir kişinin hayatını alır ve bireyin hayatını Tanrı'nın lütfunun bir göstergesi olarak ve umut ve sadakatin bir örneği olarak resmeder. Bu diğer türler de yer yer bize yardımcı olabilir. Ancak kilisenin beslenme düzeni, Tanrı'nın Sözü'nün belirli bölümlerinin açıklanması ve uygulanmasından oluşmalıdır.

Kilisede açıklayıcı vaazı kullanmak, Tanrı'nın söylediği şeylerin halkı için yetkin olduğu inancını temel alır. Halkın bunu duymaya *ihtiyacı olduğunu* ve duymak *zorunda olduğunu* varsayar. Aksi takdirde, topluluklarımız Tanrı'nın bizi kendi benzeyişine dönüştürme yolunda kullandığı bu araçtan mahrum olabilir. Açıklayıcı vaaz uygulaması, Tanrı'nın kiliseye her iki Antlaşma'dan ve Kutsal Yazılar'ın her türünden —yasa, tarih, bilgelik, peygamberlik, Müjde kitapları ve mektuplardan– öğretmeye niyetli olduğunu varsayar. Kutsal Kitap'ın kitaplarında gezinen ve Kutsal Yazılar'ın farklı Antlaşmaları ve edebi türlerini düzenli olarak ele alan bir açıklayıcı vaiz, inanıyorum ki, çocuklarına sadece sevdikleri iki ya da üç yemeği değil, her yiyecek grubundan yiyecekleri sunan bir anne gibidir.

Açıklayıcı bir vaizin yetkisi Kutsal Yazılar'la başlar ve yine Kutsal Yazılar'la biter. Eski Antlaşma peygamberleri ve Yeni Antlaşma elçilerine sadece gidip konuşma görevi değil, belirli bir mesajı iletme görevi verilmişti. Bu yüzden bugün de Hristiyan vaizler, Tanrı'nın sözlerini konuştukları sürece, Tanrı'dan konuşma yetkisine sahiptirler.

Bir kişi, Tanrı'nın Sözü'nün yetkili olduğunu ve Kutsal Kitap'ın yanılmaz olduğunu gayet memnuniyetle kabul edebilir. Ancak bu kişi (kasıtlı veya kasıtlı olmadan) açıklayıcı vaaz etmiyorsa, aslında kendi iddiasını çürütüyor demektir.

Sağlıklı Bir Kilisenin Temel İşaretleri

Bazen insanlar gözlemledikleri belirli bir açıklayıcı vaizin tarzıyla açıklayıcı vaazın ne olduğunu karıştırırlar. Ancak açıklayıcı vaaz, temelde bir tarz meselesi değildir. Başkalarının da ifade ettiği üzere, açıklayıcı vaaz bir vaizin söylediklerini *nasıl söylediğiyle* ilgili değil, esasen bir vaizin *ne söyleyeceğine nasıl karar verdiğiyle* ilgilidir. İçeriğimizi Kutsal Yazılar mı belirliyor yoksa başka bir şey mi? Açıklayıcı vaaz diğer vaazlardan belirli bir form veya stille ayrılan bir şey değildir. Stiller, tarzlar değişir. Oysa bu vaazların temel işareti, Kutsal Kitap'tan gelen içerikleridir.

Bazen insanlar açıklayıcı vaazı bir ayet okuyup bu ayetle hafif ilgili bir konu üzerinde vaaz etmekle karıştırır. Ancak bir vaiz seçtiği bir konuda bir topluluğu yüreklendirmek isterken, Kutsal Kitap metinlerini sadece kendi noktasını vurgulamak için kullanırsa, bu durumda kendi bilgisinin ötesinde vaaz edemeyecektir. Üstelik topluluk da sadece vaizin bildiklerini öğrenecektir. Açıklayıcı vaaz bundan daha fazlasını gerektirir. Bir metnin bağlamına dikkat etmeyi gerektirir çünkü Kutsal Kitap metninin ana noktasını vaazın ana noktası haline getirmeyi amaçlar. Bir vaiz, Kutsal Kitap'ın bir metnini vaaz ederek bir topluluğa teşvik ve öğütte bulunduğunda —metnin ana noktasının vaazının da ana noktası olduğu durumlarda– hem o hem de topluluk, vaizin vaaza hazırlanmak için oturduğu zaman söylemek niyetinde olmadığı şeyleri duymaya son verecektir. ("Gelecek hafta, Luka 1'e ve Tanrı'nın Luka 1'de bize söylemek istediklerine bakacağız. Bir sonraki haftaysa, Luka 2'ye ve Tanrı'nın Luka 2'de bize söylemek istediklerine bakacağız. Bir sonraki haftaysa...").

Hristiyan yaşamımızdaki her adımı, tövbeye çağrıldığımız ilk andan Kutsal Ruh'un üzerimizdeki en son etkisine kadar düşündüğümüzde, bu size de mantıklı gelecektir bence. Lütufta deneyimlediğimiz her büyüme, Tanrı'nın sözlerini öncesinde duymadığımız bir şekilde duyduğumuz zaman gerçekleşmedi mi?

Bir vaizin hizmeti, Tanrı'nın Sözü'ne böylesi bir teslimiyetle dolu olmalıdır. Ancak tabii ki, vaizler için bunların geçerli olmasını sağlamada en büyük sorumluluk topluluklara düşmektedir. İsa'nın Matta 18'de, Pavlus'un da Galatyalılar 1'de yaptığı gibi, bir kilisede olan her şeyden topluluğun sorumlu olduğunu varsaymıştır. Bu nedenle, bir kilise Tanrı'nın Sözü'nü duymak ve öğretmek için pratik anlamda bir adanmışlık göstermeyen bir kişiye beden üzerinde ruhsal gözetim yetkisi vermemelidir. Böyle yapıldığında, kilisenin büyümesinin önüne geçilebilir ve kilise pastörün olgunluk seviyesinden daha olgun olamaz. Kilise yavaşça Tanrı'nın bir sureti olmaktan çıkar ve pastörün suretine benzemeye başlar.

Tanrı'nın halkı her zaman Tanrı'nın Sözü tarafından yaratılmıştır. Yaratılış 1'den Yaratılış 12'de bulunan İbrahim'in çağrısına kadar, Hezekiel 37'deki kuru kemiklerden yaşayan söz olan İsa Mesih'in gelişine kadar, Tanrı her zaman halkını, Sözü aracılığıyla yaratmıştır. Pavlus'un Romalılar'a yazdığı gibi, "İman, haberi duymakla, duymak da Mesih'le ilgili sözün yayılmasıyla olur" (Rom. 10:17). Ya da Korintliler'e yazdığı gibi, "Mademki dünya Tanrı'nın bilgeliği uyarınca Tanrı'yı kendi bilgeliğiyle tanımadı, Tanrı iman edenleri saçma sayılan bildiriyle kurtarmaya razı oldu" (1.Ko. 1:21).

Sağlam bir açıklayıcı vaaz, genellikle bir kilisede gerçek büyümenin kaynağıdır. Martin Luther, Tanrı'nın Sözü'ne dikkatle bakmanın bir reform başlattığını fark etmiştir. Bizler de, kendimizi kiliselerimizin daima Tanrı Sözü tarafından yeniden şekillendirilmesine adamalıyız.

Londra'daki bir kilisede Püritenlik üzerine verdiğim bir günlük bir seminer sırasında, bir ara Püriten vaazlarının bazen iki saat sürdüğünü belirttim. Sınıfın bir üyesi sesli bir şekilde iç çekerek sordu: "Peki tapınmaya nasıl zaman kaldı?" Açıkça görülüyor ki, bu kişi Tanrı Sözü'nün vaaz edilişini dinlemenin ibadet teşkil et-

Sağlıklı Bir Kilisenin Temel İşaretleri

mediğini varsayıyordu. Kendisine eski yüzyıllarda birçok İngiliz Protestan'ın, ibadetlerinin en önemli kısmının Tanrı'nın Sözü'nü kendi dillerinde *duymak* (birden fazla şehidin kanı tarafından satın alınan bir özgürlüktü bu) ve hayatlarıyla buna *cevap vermek* olduğuna inandığını söyleyerek cevap verdim. İlahi söyleyecek zamanları olup olmaması tamamen önemsiz olmasa da, onlar için nispeten daha az endişe verici bir şeydi.

Bizim kiliselerimizdeki ibadetlerin merkezinde de Tanrı Sözü olmalıdır. Müzik, Tanrı'nın Sözü'ne, Kutsal Kitap'a uygun gerekli bir yanıttır ancak Tanrı'nın bize verdiği müzik kiliselerimizi üzerine inşa etmemiz için verilmemiştir. Müzik üzerine inşa edilen bir kilise –ne tarz olursa olsun– kum üzerine inşa edilmiş bir kilisedir.

Sevgili Hristiyan, pastörlerin için, onların kendilerini Kutsal Yazılar'ı titizlikle, dikkatle ve içtenlikle incelemeye adamaları için dua et. Onun Söz'ü anlamasına, kendi hayatına uygulamasına ve kilisenin hayatına akıllıca uygulamasına giden yolu açması için Tanrı'ya dua et (bkz. Luk. 24:27; Elç. 6:4; Ef. 6:19-20). Ayrıca, iyi vaazlar hazırlamak için hafta boyunca pastöre gereken zamanı ver. Vaaz, pastörlüğün en temel bileşenidir. Söz'e gösterdiği sadakatin sizi Tanrı'nın lütfuyla nasıl büyüttüğünü ifade ederek onu teşvik edin..

Sevgili pastör, sen de kendin için bu konularda dua et. Bulunduğunuz mahalledeki, şehirdeki, ülkedeki ve çevrenizdeki diğer kiliselerde ve dünyanın her yerinde pastörlerin Tanrı Sözü'nü öğretip vaaz etmeleri için dua et. Son olarak, kiliselerin açıklayıcı bir şekilde vaaz edilen Tanrı Sözü'nü işitmeye adanmaları ve böylece her kilisenin gündeminin gün geçtikçe Tanrı'nın Kutsal Yazılar'daki isteğine daha çok uyması için dua et. Açıklayıcı vaaza adanmışlık, sağlıklı bir kilisenin temel bir işaretidir.

ALTINCI BÖLÜM

SAĞLIKLI BİR KİLİSENİN TEMEL İŞARETLERİNDEN BİRİ: KUTSAL KİTAP TEOLOJİSİ

Sizce şuradaki italik yazılan sözler ne anlama geliyor? "Ancak, Mesih göründüğü zaman *O'na benzer olacağımızı* biliyoruz. Çünkü O'nu olduğu gibi göreceğiz" (1.Yu. 3:2).

3. bölümde yazılı olan Kutsal Kitap'ın olay örgüsünü dikkatlice okuduysanız, muhtemelen bu sözlerin, zamanın sonunda kilisenin günahın bozucu etkisinden kurtulmuş bir şekilde Tanrı'nın sevgi dolu ve kutsal karakterini nasıl yansıtacağına işaret ettiğini görmüşsünüzdür.

Ama bir Mormon tapınağında oturuyor olsaydınız, "O'na benzer olacağımızı biliyoruz" sözünün, hepimizin Tanrı olacağı anlamına geldiğini duyardınız!

Bu iki yorum arasındaki fark nedir? Biri bütün Kutsal Kitap'ın teolojisini temel almaktadır ancak diğeri böyle değildir.

Son bölümde, açıklayıcı vaazın bir kilisenin sağlığı için gerekli olduğunu söyledik. Ancak her yöntem, ne kadar iyi de olsa, kötüye kullanılmaya açıktır. Kiliselerimiz sadece bize *nasıl* öğretildiğiyle ilgili kaygı duymamalı, aynı zamanda *ne* öğretildiği konusuna da bakmalıdırlar. Bu nedenle, sağlıklı bir kilisenin ikinci önemli işareti, sağlam Kutsal Kitap teolojisi veya Kutsal Kitap'a uygun teolojidir. Aksi takdirde, ayetleri kendi başlarına, gelmelerini istediğimiz anlama gelecek şekilde yorumlarız.

Sağlamlık eski moda bir kelimedir. Ancak konu Kutsal Kitap'ın Tanrısı'nı ve bizimle ilişkisini anlama konusuna gelince, sağlamlığı el üstünde tutmamız gerekir. Pavlus, Timoteos'a ve Titus'a olan yazılarında "sağlam" kelimesini birkaç kez kullanır. Bu kelime "güvenilir", "doğru" veya "sadık " anlamına gelmektedir. Kökünde, tıp dünyasından gelen, tam veya sağlıklı anlamına gelen bir kavramdır. Kutsal Kitap'a uygun sağlam bir teoloji, bu nedenle, Kutsal Kitap'ın tamamına sadık bir öğretiştir. Parçaları bütüne güvenilir ve doğru bir şekilde uyarlayıp bağlar.

Timoteos'a yazdığı ilk mektupta, Pavlus "*sağlam* öğreti"nin "Müjde'ye göre" olduğunu ve günaha ve tanrısızlığa karşı olduğunu söyler (1.Ti. 1:10-11). Kendisi daha sonra, "farklı (sahte) öğretileri", "İsa Mesih'in *sözlerini* ve Tanrı yoluna dayanan öğretiyi onaylamakla" zıt bir şekilde ele alır (1.Ti. 6:3).

Pavlus, Timoteos'a yazdığı ikinci mektubundaysa şöyle der: "Benden işitmiş olduğun doğru sözleri örnek alarak imanla ve Mesih İsa'da olan sevgiyle bunlara bağlı kal" (2.Ti. 1:13). Sonra Timoteos'u uyarır: "Çünkü öyle bir zaman gelecek ki, *sağlam* öğretiye katlanamayacaklar. Kulaklarını okşayan sözler duymak için çevrelerine kendi arzularına uygun öğretmenler toplayacaklar" (2.Ti. 4:3).

Pavlus bir başka genç pastör olan Titus'a yazdığında, orada da benzer endişeleri paylaşır. Pavlus, Titus'un bir kilise ihtiyarı olarak atadığı her adam için şöyle der: "Hem başkalarını *sağlam* öğretiyle yüreklendirmek hem de karşı çıkanları ikna edebilmek için imanlılara öğretilen güvenilir söze sımsıkı sarılmalı" (Tit. 1:9). Sahte öğretmenler içinse şöyle der: "Gerçeği reddedenlerin buyruklarına kulak vermeyip *sağlam* imana sahip olmaları için onları sert bir şekilde uyar" (Tit. 1:13). Son olarak, Titus'a şöyle demiştir: "Sana gelince, *sağlam* öğretiye uygun olanı öğret" (Tit. 2:1).

Pastörler sağlam öğretiyi, yani güvenilir, doğru ve Kutsal Kitap'a sadık olan öğretiyi öğretmelidirler. Kiliseler de pastörlerini sağlam öğretiden sorumlu tutmakla sorumludurlar. Burada sağlam öğretiyi oluşturan her şeyin detayına giremeyiz çünkü bu tüm Kutsal Kitap'ı yeniden ortaya koymamızı gerektirir. Ancak pratikte, her kilise nerede tam bir fikir birliği gerektiğine, nerede sınırlı bir fikir farklılığına izin verildiğine ve nerede tam bir fikir özgürlüğüne izin verildiğine kendisi karar verir.

Washington DC'de hizmet ettiğim kilisede, her üyenin yalnızca İsa Mesih'in eylemi aracılığıyla kurtuluşa inanmasını istiyoruz. Ayrıca, kilise olarak imanlıların vaftizine ve kilise düzenine ilişkin (yani, kararlarda son sözün kimde olduğuna ilişkin) aynı (veya çok benzer bir) anlayışa sahibiz. Vaftiz ve kilise düzeninde hemfikir olmak kurtuluş için gerekli değildir ancak bu, kilisenin gündelik yaşamı için yararlı ve sağlıklı bir şeydir.

Öte yandan, kilisemiz ne kurtuluş için ne de kilisenin pratik yaşamı için gerekli olmayan konularda anlaşmazlıklara izin verir. Hepimiz Mesih'in geri döneceği konusunda hemfikiriz ancak dönüşünün zamanlaması hakkında bir dizi görüş var.

Son olarak, kilisemiz silahlı direnişin doğruluğu veya İbraniler kitabını kimin yazdığı sorusu gibi, hâlâ daha az merkezi öneme sahip veya daha az açık olan konularda tam bir özgürlüğe izin verir.

Tüm bunlarda işleyen şöyle bir ilke var: İmanımızın temeline yaklaştıkça, iman anlayışımızda, yani sağlam Kutsal Kitap doktrinlerinde de o kadar fazla bir birlik beklentisi içerisinde oluruz. Erken dönemdeki kilise şunu savundu: temel konularda, birlik; temel olmayan konularda, çeşitlilik; geri kalan her şeyde, iyilik.

Sağlam öğretiye adanmış bir kilise, kiliselerin sıklıkla gözden kaçırdığı Kutsal Kitap öğretilerini öğretmeye de adanmıştır. İlk bakışta bazı doktrinler zor ve hatta bölücüymüş gibi görünebilir. Ancak bizler şuna güvenebiliriz: Tanrı bu doktrinleri Sözü'ne dahil etmiştir çünkü bunlar O'nun kurtarışını anlamak için temel doktrinlerdir.

Kutsal Ruh aptal değildir. Eğer kitabında tüm dünyanın okuması için bir şey ortaya koyduysa, kiliseler belirli konulardan kaçınmayı seçip daha iyi ve akıllı olduklarını düşünmemelidirler. Bazı şeyler hakkında konuşurken bunları pastörel bir bilgelikle ve ilgiyle ele almaları gerekir mi? Kesinlikle evet. Pastörler bu şeylerden tamamen kaçınmalı mıdır? Kesinlikle hayır. Eğer Kutsal Kitap'a uygun sağlam bir doktrin tarafından yönlendirilen kiliseler istiyorsak, tüm Kutsal Kitap'la uzlaşmamız gerekir.

Örneğin, Kutsal Kitap'taki seçilmişlik doktrini, genellikle çok karmaşık veya çok kafa karıştırıcı olarak görülür ve bu doktrinden kaçınılır. Ancak her ne olursa olsun, bu doktrin inkâr edilemez bir şekilde Kutsal Kitap'a uygundur. Seçilmişlikle ilgili her şeyi anlayamayabiliriz ama kurtuluşumuzun nihayetinde kendimizden ziyade Tanrı'dan kaynaklanması küçük bir mesele değildir.

Kutsal Kitap'ın cevapladığı ama kiliselerin genellikle ihmal ettiği bir dizi önemli soru vardır:

- İnsanlar temelde kötü müdür, yoksa iyi midir? Sadece teşvik ve özgüvene mi ihtiyaçları vardır, yoksa bağışlanmaya ve yeni yaşama mı?
- Bir kişi Hristiyan olduğunda, neler gerçekleşir?
- Eğer Hristiyansak, Tanrı'nın bizi koruyup kollamaya de-

vam edeceğinden emin olabilir miyiz? Eğer öyleyse, O'nun bu devam eden ilgi ve alakası bizim sadakatimize mi, yoksa O'nunkine mi dayanıyor?

Tüm bu sorular sadece kitapları seven teologlar veya genç teoloji öğrencileri için değildir. Bunlar her Hristiyan için önemlidir. Aramızdaki pastörler, yukarıdaki sorulardan herhangi birine olan cevabımızın değişmesi durumunda topluluğumuza da ne kadar farklı bir şekilde çobanlık edeceğimizi bilirler. Tanrı'nın karakterini tüm doluluğuyla sergileme arzumuz nasıl bizim her daim açıklık ve yetkiyle konuşmamızı gerektiriyorsa, Kutsal Yazılar'a sadık olmak da aynı şekilde bu tür konularda açıklık ve yetkiyle konuşmamızı gerektirir.

Şunu bir düşünün: Tanrı'nın karakterini yansıtan kiliseler istiyorsak, Kutsal Kitap'ta Tanrı'nın kendisi hakkında ortaya koyduğu her şeyi bilmek istemez miyiz? Eğer istemiyorsak, sizce bu O'nun karakterine olan bakışımız hakkında ne söyler?

Kutsal Kitap'ın Tanrı hakkında ne öğrettiğine ilişkin anlayışımız çok önemlidir. Kutsal Kitap'taki Tanrı, Yaratıcı ve Rab'dir. Yine de O'nun her şeye egemen olduğu gerçeği kilise içerisinde bile bazen reddedilir. Hristiyan olduklarını beyan eden kişiler, Tanrı'nın yaratılışta veya kurtuluşta tümüyle egemen olduğu fikrine karşı çıktıklarında, aslında dindarlık maskesi altındaki putperestlik sularında yüzmeye başlamış oluyorlar. Hristiyanların Tanrı'nın egemenliğiyle ilgili samimi soruları olacaktır. Ama Tanrı'nın egemenliğinin sürekli, ısrarla inkârının bizi endişelendirmesi gerekir. Böyle bir insanı vaftiz etmek, bazı açılardan hâlâ daha imansız olan bir yüreği vaftiz etmek olabilir. Böyle bir kişiyi üyeliğe kabul etmek, aslında öyle olmadığı halde, bireye sanki Tanrı'ya güvenen bir bireymiş gibi davranmak olabilir.

Böyle bir ısrar ve direniş herhangi bir Hristiyan için tehlikelidir ancak bir topluluk lideri için daha da tehlikelidir. Bir kilise, Tanrı'nın her şeye egemen olduğundan şüphe eden veya Kutsal Kitap'ın öğretisini yanlış anlayan bir kişiyi önder olarak atarsa, bu kilise, Tanrı'ya güvenmek istemeyen bir kişiyi kendisine örnek olarak belirlemiş olur. Bu da, kilisenin büyüyüp gelişmesinin önüne engel koymaktır.

Çevremizdeki tüketici odaklı ve materyalist kültür, günümüzde sürekli olarak kiliseleri Ruh'un işleyişini pazarlama bakış açısıyla yorumlamaya ve müjdelemeyi reklamcılığa dönüştürmeye teşvik etmektedir. Sanki Tanrı'nın kendisi insanın suretinde yaratılmıştır. Böyle zamanlarda, sağlıklı bir kilise kendi önderlerinin Tanrı'nın egemenliğine ilişkin Kutsal Kitap'a dayalı bir anlayışa sahip olması ve bunu yaşamlarıyla da bizzat tecrübe etmesi için dua etmeye özellikle dikkat etmelidirler. Aynı zamanda, önderlerinin sağlam öğretiye tümüyle, Kutsal Kitap'taki tüm görkemiyle bağlı olması için de dua etmelidirler. Açıklayıcı vaaz ve Kutsal Kitap'a dayalı bir teoloji, sağlıklı bir kilisenin göstergelerindendir.

YEDİNCİ BÖLÜM

SAĞLIKLI BİR KİLİSENİN TEMEL İŞARETLERİNDEN BİRİ: KUTSAL KİTAP'A DAYALI İYİ HABER ANLAYIŞI

Kiliselerimizin sağlam Kutsal Kitap teolojisine sahip olmasının özellikle önemli olduğu bir alan vardır: İsa Mesih'in iyi haberine, yani Müjde'ye ilişkin anlayışımız. Müjde, Hristiyanlığın kalbidir ve bu yüzden kiliselerimizin de kalbinde olmalıdır.

Sağlıklı bir kilise genç ve yaşlı, imanda olgun ve olgun olmayan her üyenin, İsa Mesih aracılığıyla gelen harika kurtuluş haberinin etrafında birleştiği bir kilisedir. Kutsal Kitap'taki her metin buna veya bunun bir yönüne işaret eder. Yani kilise her hafta Müjde'nin bir kez daha tekrar edildiğini duymak için bir araya gelir.

Kutsal Kitap'a dayanan bir iyi haber anlayışı, her bir vaftizi ve Rab'bin Sofrası'nı, her ilahiyi, her duayı ve her sohbeti etkilemelidir. Sağlıklı bir kilisenin üyeleri kilisenin yaşamındaki her şeyden çok, bu Müjde'yi daha derin bir şekilde bilmeyi arzularlar ve bunun için dua ederler.

Neden mi? Çünkü Müjde'deki umut, Mesih'in yüzünde Tanrı'nın yüceliğini bilme umududur (2.Ko. 4:4-6). O'nu açıkça görme ve O'nu tümüyle, bilindiğimiz gibi bilme umududur (1.Ko. 13:8). O'nu olduğu gibi görürken, O'nun gibi olma umududur (1.Yu. 3:2). Müjde durumumuzun iyi olduğu haberi değildir. Tanrı'nın sevgi olduğu haberi değildir. İsa'nın arkadaşımız olmak istediği haberi değildir. Yaşamımız için harika bir planı veya amacı olduğu haberi değildir. 1. bölümde daha uzun bir şekilde tartıştığım gibi, Müjde İsa Mesih'in günahkârlar için bir kefaret kurbanı olarak çarmıhta ölmüş, tekrar dirilmiş ve Tanrı'yla barışmamız için bir yol yaratmış olduğu iyi haberidir. Sadece tövbe edip inandığımız takdirde, Yargıç'ın Babamız olacağı haberidir (Daha kapsamlı bir açıklama için 1. bölüme geri dönün.)

Müjde'yi hem birebir olarak insanlara hem de kilisede topluluğa aktarırken aklımda tutmaya çalıştığım dört nokta şöyle: (1) Tanrı, (2) insan, (3) Mesih ve (4) yanıt. Başka bir deyişle:

- Tanrı'nın bizim kutsal ve her şeye egemen olan yaratıcımız olduğunu açıkladım mı?

- Biz insanların garip bir karışım olduğunu, Tanrı'nın suretinde harika bir şekilde yaratılmış ancak korkunç bir şekilde düşmüş, günahkâr ve ondan ayrılmış olduğunu açıkça belirttim mi?

- İsa'nın kim olduğunu ve ne yaptığını açıkladım mı? O'nun Tanrı'yla insan arasında bir kurban ve dirilmiş Rab olarak benzersiz ve özel bir şekilde duran Tanrı-insan olduğunu açıkladım mı?

- Son olarak, bütün bunları paylaşmış olsam bile, bir insanın Müjde'ye cevap vermesi ve bu mesaja inanması gerektiğini ve bu yüzden de ben-merkezcilik ve günah dolu yaşamdan dönmesi gerektiğini açıkça belirttim mi?

Sağlıklı Bir Kilisenin Temel İşaretleri

Bazı zamanlarda Müjde'den kaynaklanan iyi şeyleri, sanki Müjde'nin kendisiymiş gibi sunma ayartısıyla karşılaşabiliyoruz. Bu tür şeyler sevinç, esenlik/barış, mutluluk, tatmin, öz-saygı veya sevgi gibi Hristiyan olmayanların doğal olarak isteyeceği şeyler olabiliyor. Oysa bunları Müjde olarak sunmak insanlara kısmi bir gerçeği sunmaktır. J. I. Packer'ın da dediği gibi, "Tamamıyla gerçek maskesi altında ortalıkta dolaşan yarım bir gerçek, tam bir yalan olur."[22]

Temelde, sadece sevince, esenliğe ya da amaca ihtiyacımız yoktur. Tanrı'nın kendisine ihtiyacımız vardır. Suçlu günahkârlar olduğumuz için, her şeyden önce O'nun bağışlamasına ihtiyacımız vardır. Ruhsal yaşama ihtiyacımız vardır. Müjde'yi olduğundan daha az radikal bir şekilde sunduğumuzda, sahte iman ikrarları ve giderek daha da anlamsız hale gelen kilise üyeliklerine sebep olmamız işten bile değildir. Ayrıca her iki durum da, çevremizdeki dünyaya müjdelemeyi daha zor bir hale getirir.

Bir kilise sağlıklı olduğunda ve üyeleri de Müjde'yi bilip onu her şeyin üstünde tuttuğunda, Müjde'yi giderek daha fazla dünyayla paylaşmak isteyeceklerdir. Geçmiş kuşağın büyük Hristiyan önderlerinden biri ve Dallas, Teksas'taki First Baptist Kilisesi'nin pastörü olan George W. Truett şöyle demiştir:

> Bir kiliseye karşı yöneltebileceğiniz en büyük suçlama… böyle bir kilisenin insanların canlarına karşı tutku ve şefkatten yoksun olmasıdır. Bir kilise kayıp canlara karşı sempatiyle dolup taşmazsa ve kayıp canları İsa Mesih'in bilgisine kavuşturmak için dışarı çıkmazsa, bu kilise bir ahlak kulübünden daha öteye gidemez.[33]

---

[2] John Owen, "Introduction," *The Death of Death in the Death of Christ* içinde (Edinburgh: Banner of Truth, 1959/1983), 2.

[3] George W. Truett, *A Quest for Souls* (New York: Harper & Brothers, 1917), 67.

Bugün, kiliselerimizin üyeleri evlerinde, ofislerinde ve mahallelerinde Hristiyan olmayanlarla, diğer Hristiyanlarla pazar günleri geçirdikleri zamandan çok daha fazla zaman geçirmektedirler (pazar günleri gerçekten Hristiyan olmayanlarla geçirilen zamanlardan bahsetmiyorum bile). Müjdeleme, temelde insanları kiliseye davet ederek yaptığımız bir şey değildir. Her birimizin Mesih'te muazzam bir kurtuluş haberi vardır. Bunu başka bir şeye değişmeyelim. Bugün paylaşalım!

Sağlıklı bir kilise Müjde'yi bilir ve sağlıklı bir kilise onu paylaşır.

KISA İPUÇLARI:
İYİ BİR KİLİSE NASIL BULUNUR?

1. Dua edin.
2. Tanrı adamı olan bir pastöre (veya ihtiyarlara) danışın.
3. Önceliklerinizi keskin bir şekilde göz önünde bulundurun.
   - Müjde gerçekten kabul edilmeli, açıkça vaaz edilmeli ve sadakatle yaşanmalıdır. Müjde'nin bu üç yansımasının herhangi birinde ciddi bir eksiklik olması çok tehlikelidir.
   - Vaazlar Kutsal Yazılar'a dayanmalı, kişisel olarak zorlayıp düşündürmeli ve topluluğun yaşamının merkezinde olmalıdır. Ancak ve ancak Kutsal Yazılar'ın en yüksek otorite olarak kabul edildiği bir yerde ruhsal olarak büyüyebilirsiniz.
   - Ayrıca çok önemli olan başka bir şey de, kilisenin vaftiz, Rab'bin Sofrası, kilise üyeliği, kilise disiplini konularını ele alma şekli
   - ve karar vermede son sözün kimde olduğu konusudur.
   - Kısacası, bu kitabı 5. bölümden 13. bölüme kadar okuyun!
4. Kendinize bazı tanı koyucu sorular sorun:
   - Bu kilisenin öğretisi altında yetiştirilen bir eş bulmak ister miyim?
   - Çocuklarım bu kilisede Hristiyanlığın nasıl bir resmine şahit olacak? Onu dünyadan ayıran bir resme mi, yoksa dünyadan farksız bir resme mi?
   - Hristiyan olmayanları bu kiliseye davet etmekten mutluluk duyar mıyım? Yani bu kişiler açıkça Müjde'yi duyabilir ve Müjde'ye yaraşır hayatlar görürler mi? Kilisenin, kapılarını Hristiyan olmayanlara açmaya ve bu kişilere ulaşmaya yönelik herhangi bir isteği var mı?

- Bu kilisede benim hizmet edebileceğim bir yer mi?

5. Coğrafyayı düşünün. Kilisenin evinize fiziki anlamdaki yakınlığı ibadete daha çok katılma yolunda size destek mi olur, yoksa köstek mi? Eğer yeni bir bölgeye taşınıyorsanız, ev almadan önce iyi bir kilise bulmaya çalışın.

3. KISIM

SAĞLIKLI BİR KİLİSENİN ÖNEMLİ İŞARETLERİ

SAĞLIKLI BİR KİLİSENİN ÖNEMLİ İŞARETLERİ

Bu kitapta özetlenen dokuz işaretin tümü, Kutsal Kitap'a dayalıdır ve aynı ölçüde Mesih'in kiliseleri üzerinde yetki sahibidir. Ancak *temel* ve *önemli* işaretler arasındaki ayrım, bize kutsallaştırılmanın –bireyin kişisel yaşamında olduğu gibi kilisenin yaşamında da– yavaş yavaş gerçekleştiğini hatırlatmalıdır. Tanrı bizi çocuklarımızı yetiştirmede sabırlı olmaya çağırdığı gibi, kiliselerimiz için de bizi sabırlı olmaya çağırmaktadır.

Önemli işaretler olarak adlandırdığım şey, en azından bireysel olarak düşünüldüğünde önemlidir ancak bunların yokluğu bir kiliseden ayrılmayı gerektirmez (ancak bunu yapmak da yerine göre akıllıca olabilir). Daha ziyade, bu önemli işaretlere sahip olmayan kiliseler dua etmek, sabırlı olmak ve kendi yaşamınızla iyi bir örnek olmak için doğru yerler olabilirler.

Bir pastör bana Kutsal Kitap'a uygun olmayan bir önderlik düzenine ne kadar katlanması gerektiğini sorarsa, bir Hristiyan bana bir kilisenin kilise disiplini uygulamadaki başarısızlığının ne kadar süre görmezden gelinebileceğini sorarsa ya da bir diyakon son derece yanlış anlaşılmış üyelik rollerine ne kadar daha dayanması gerektiğini sorarsa, bu kutsal kardeşi sabırlı olmaya, dua etmeye, iyi bir örnek olmaya, sevmeye ve beklemeye yönlendirirdim. Büyüme yavaş gerçekleşir. Üstelik kilise de bir halk, bir topluluktur. Affetmeye, teşvik etmeye, hizmet etmeye, sevimli bir şekilde birbirini zorlayıp düşündürmeye ve birbirini el üstünde tutmaya çağrılmış bir halktır.

Nasıl bu yaşamda mükemmel Hristiyanlar yoksa, mükemmel kiliseler de yoktur. En iyi kiliseler bile idealin çok gerisinde kalır. Ne doğru kilise yönetimi ne de cesur vaaz, ne fedakârca bağış vermek ne de doktrinsel açıdan doğruluk, bir kilisenin gelişmesinin garantisidir. Ancak elbette, herhangi bir kilise şu anda olduğundan daha sağlıklı bir konuma gelebilir. Bu yaşamda günah üzerinde tam bir zafer asla kazanamayız. Ancak Tanrı'nın gerçek çocukları olarak bu nedenle mücadeleden vazgeçmeyiz. Kiliseler de mücadeleden vazgeçmemelidirler. Hristiyanlar, özellikle pastörler ve kilise liderleri, sağlıklı kiliseler görmek için özlem duymalı ve emek vermelidirler.

SEKİZİNCİ BÖLÜM

SAĞLIKLI BİR KİLİSENİN TEMEL İŞARETLERİNDEN BİRİ: KUTSAL KİTAP'A DAYALI MESİH'E DÖNME ANLAYIŞI

Kilisem 1878'deki ilk toplantısında, bir inanç açıklamasını kabul etti. Bu bildirge, 1833 New Hampshire İnanç Açıklaması'nın düzenlenip daha güçlü bir hale getirilmiş versiyonuydu. Eski dil biraz zor olabilir ancak buna takılmamaya çalışın. Bu bildirgenin VIII. maddesi şöyle der:

> Tövbe ve imanın mukaddes vazifeler olduğuna ve aynı zamanda Kutsal Ruh'un yeniden doğmamızı sağlayan etkinliğiyle ruhlarımıza işlendiğine inanıyoruz. Suçluluğumuzu, içinde bulunduğumuz tehlikeyi, biçareliğimizi ve Mesih aracılığıyla kurtuluş yolunu tam bir kanaatle idrak ederek, içtenlikle, itirafla ve merhamet niyazlarıyla Tanrı'ya dönüyoruz ve aynı zamanda Rab İsa Mesih'i peygamberimiz, Kâhinimiz ve Kralımız olarak benimsiyor, kurtuluşumuzu tümüyle sağlayabilen ye-

gâne Kurtarıcı olarak sadece ve sadece O'na bel bağlıyoruz.

Artık pek fazla insan böyle konuşmuyor ya da yazmıyor. Yine de, buradaki Kutsal Kitap gerçekleri değişmemiştir. Kutsal Kitap'a dayalı Mesih'e dönme anlayışı, sağlıklı bir kilisenin göstergesidir.

İnanç açıklaması, Kutsal Kitap'taki tövbe ve iman etme çağrısıyla başlıyor. İsa'nın hizmetinin başında buyurduğu gibi, "Tövbe edin, Müjde'ye inanın!" (Mar. 1:15). En basit terimlerle, Mesih'e dönmek eşittir tövbe ve iman denebilir.

İnanç açıklaması devam ettikçe, tövbe ve imanın neye benzediğine dair başka bir açıklama da sağlıyor. Günahımızdan Tanrı'ya "dönüyoruz" der, Mesih'i "benimsiyoruz" ve O'na yegâne Kurtarıcı olarak "bel bağlıyoruz" der. Yeni Antlaşma, günahkârların günahlarını terk etmesi, Mesih'i benimsemesi ve O'na bel bağlamasının resimleriyle doludur. Vergi görevlisi Levi'nin İsa'yı takip etmek için mesleğini terk edişini düşünün. Ya da kuyudaki kadını. Ya da Romalı yüzbaşını. Ya da Petrus'u, Yakup'u ve Yuhanna'yı. Ya da Hristiyanlara zulmeden biriyken, uluslara elçi olan Pavlus'a dönüşen Saul'u düşünün. Liste uzun. Her biri döner, güvenir ve takip eder. Mesih'e dönmek budur.

Bu bir inanç metnini ezbere okumak değildir. Dua etmek değildir. Bu bir konuşma değildir. Batılı olmak değildir. Belli bir yaşa ulaşmak, bir sınıfa katılmak ya da başka bir şekilde, yetişkinliğe adım atmakla ilgili bir ayine katılmak değildir. Herkesin farklı noktalarda ayrıldığı bir yolculuk değildir. Bunlardan ziyade Mesih'e dönmek, kendi kendine aklanmaya çalışmaktan vazgeçip bütün yaşamımızla Mesih'in aklayışına yönelmek, hükmetmeye çalışmaktan vazgeçip Tanrı'nın hükmüne girmek, puta tapmaktan vazgeçip Tanrı'ya tapmaktır.

Yine de, bu ifadenin aynı zamanda Mesih'e dönüşümüz hakkında ne söylediğine dikkat edin. Mesih'e döneriz çünkü "suçluluğumuzu, içinde bulunduğumuz tehlikeyi, biçareliğimizi ve Mesih aracılığıyla kurtuluş yolunu tam bir kanaatle" idrak etmiş ve buna ikna olmuşuzdur. Peki bu nasıl gerçekleşiyor? Bizi kim ikna ediyor? Bu, "Kutsal Ruh'un yeniden doğmamızı sağlayan etkinliğiyle ruhlarımıza" işlenmiştir. İnanç açıklamasında, bu fikri desteklemek için iki farklı Kutsal Yazı'ya değinilir:

> Bunu duyduklarında, başka itirazları yoktu ve Tanrı'ya övgüde bulundular, "Demek ki Tanrı, tövbe etme ve yaşama kavuşma fırsatını öteki uluslara da vermiştir." (Elç. 11:18)

> İman yoluyla, lütufla kurtuldunuz. Bu sizin başarınız değil, Tanrı'nın armağanıdır. (Ef. 2:8)

Mesih'e dönüşümüzü en başta Tanrı'nın bizim için yaptığı bir şey yerine kendi yaptığımız bir şey olarak anlarsak, onu yanlış anlamış oluruz. Mesih'e dönmek elbette burada da tartıştığımız gibi kendi eylemimizi içerir. Ancak Mesih'e dönmek bundan çok daha fazlasıdır. Kutsal Kitap, bize yeni yürekler verilmesi, düşüncelerimizin yenilenip değişmesi ve ruhlarımıza yaşam verilmesi gerektiğini öğretir. Bunların hiçbirini yapamayız. Her insanın ihtiyaç duyduğu değişim o kadar radikaldir ve o kadar derinlerimize işlemelidir ki, bunu sadece Tanrı yapabilir. Bizi en başta o yarattı. Dolayısıyla bizi yeni yaratılış yapan da O olmalıdır. Doğal doğumumuzdan O sorumluydu. Dolayısıyla yeniden doğuşumuz da O'ndan olmalıdır. Bizi Mesih'e döndürmesi için Tanrı'ya ihtiyacımız vardır.

On dokuzuncu yüzyıl vaizi Charles Spurgeon bir gün Londra sokaklarında sarhoş bir adam kendisine yaklaştığında ve yakındaki bir lamba direğine yaslanıp, "Hey, Bay Spurgeon, ben senin aracılığınla iman edenlerden biriyim!" dediğinde şöyle tepki vermiştir: "Sen bana ait biri olmalısın ama kesinlikle Rab'be ait biri değilsin!"

Bir kilise Kutsal Kitap'ın Mesih'e dönmekle ilgili öğretişini yanlış anladığında, bu kilise yaşamlarında bir noktada samimi bir iman ikrarı yapmış ama Kutsal Kitap'ın Mesih'e dönme olarak sunduğu radikal değişimi tecrübe etmemiş insanlarla dolu olabilir.

Gerçekte Mesih'e dönmek, duygu yoğunluğu içeren bir deneyim olabilir de olmayabilir de. Ama bu dönüş, verdiği meyvelerle kendini kesinlikle *kanıtlayacaktır*. İnsanların yaşamları onların Mesih'e döndüklerine –eski yaşamı çıkarıp yeni yaşamı giyindiklerine– dair kanıtlar ortaya koyuyor mu? Üyeler hata yapmaya devam etseler bile, günahla mücadele etmeye meraklılar mı? Hristiyanlarla paydaşlıktan zevk almaya ve Hristiyan olmayanlarla artık çok daha farklı bir motivasyonla zaman geçirmeye meraklılar mı? Bu kişiler daha evvel Hristiyan olmayan kişiler olarak denenmeler ve zorluklar karşısında verdikleri tepkilerden farklı tepkiler vermeye başlıyorlar mı?

Doğru bir Mesih'e dönme anlayışı sadece vaazlarda değil, bir kilisenin vaftiz ve Rab'bin Sofrası için dikkate aldığı şartlarda da ortaya çıkacaktır. İlgi ve alaka, pastörler tarafından ön planda tutulur ve uygulanır. Pastörler aceleyle ve dikkatle incelemeden insanları vaftiz etmek için baskı altında kalmazlar.

Bu, kilisenin üyelik konusundaki beklentilerinde de kendini gösterecektir. İnsanlar hemen kabul edilmez. Belki bir üyelik dersi verilir. Bir tanıklığın yanı sıra, üye adayından Müjde'nin bir açıklamasını yapması da istenir.

Bu, kilisenin bilinen bir günahı hafife almayışında da ortaya çıkacaktır. Hesap verme sorumluluğu, teşvik ve yeri geldiğinde yapılan ihtarlar olağandışı şeyler olarak değil, sıradan şeyler olarak görülür. 12. bölümde de ele alacağımız gibi, kilise disiplini uygulanmaktadır.

Mesih'e dönmeyi Kutsal Kitap'ın sunduğu şekliyle anlamak, sağlıklı bir kilisenin önemli işaretlerinden biridir.

DOKUZUNCU BÖLÜM

SAĞLIKLI BİR KİLİSENİN TEMEL İŞARETLERİNDEN BİRİ: KUTSAL KİTAP'A DAYALI MÜJDELEME ANLAYIŞI

Şimdiye kadar, sağlıklı kiliseleri açıklayıcı vaazla, Kutsal Kitap teolojisiyle ve Kutsal Kitap'a dayalı Müjde ve Mesih'e dönme anlayışlarıyla diğer kiliselerden ayrılan kiliseler olarak tanımladık. Bu da, Kutsal Kitap'ı ve sağlam öğretiyi öğretmeyen kiliselerin sağlıksız oldukları anlamına gelir.

Sağlıksız bir kilise neye benzer? Böyle bir kilise, vaazların sıklıkla klişeye ve tekrara döndüğü bir kilisedir. Daha da kötüsü, vaazlar yalnızca genel ahlaki öğretiler içerir ve ben-merkezci hale gelirler. Ayrıca Müjde, sanki yalnızca ruhsal bir "kişisel gelişim"-den ibaretmiş gibi baştan yaratılır. Mesih'e dönmek, insanın kendi kararıyla gerçekleştirdiği bir eylem olarak görülür. Ayrıca değişen derecelerde, kötüden daha kötüye doğru, kilisenin kültürü onu çevreleyen dünyasal kültürden ayırt edilemez bir haldedir.

Böyle topluluklar, en basit şekliyle söylemek gerekirse, İsa Mesih'teki muhteşem kurtuluş haberinin müjdecisi değildirler.

Sağlıklı bir kilisenin bir başka önemli işareti olan Kutsal Kitap'a dayalı müjdeleme anlayışını düşünmeye başladığımızda, bu işarete bakış açımızın daha önceki işaretlerle (hem *temel* hem de *önemli* olan işaretlerle) ilgili anlayışımız tarafından, özellikle de Mesih'e dönmekle ilgili anlayışımız tarafından ne denli şekillendirileceğini düşünmemiz yerinde olacaktır.

Bir yandan, eğer zihinlerimiz Kutsal Kitap'ın Tanrı ve Tanrı'nın nasıl işlediği hakkında öğrettikleriyle ve aynı zamanda da Kutsal Kitap'ın Müjde hakkında ve günahkâr insanların nihai ihtiyaçlarının ne olduğu hakkında öğrettikleriyle şekillenmişse, bu durumda doğru bir müjdeleme anlayışı da genellikle beraberinde gelecektir. Böyle olduğunda, kilise öncelikle çeşitli müjdeleme yöntemlerine değil, Müjde'nin kendisini öğretmeye ve O'nun üzerinde derin derin düşünmeye odaklanacaktır.

Yeni Hristiyanların, kurtuluşlarının lütuf ve merhamet dolu doğasının doğal olarak farkında olmaları beni her zaman teşvik etmiştir. Son birkaç ay içinde, Mesih'e dönmenin Tanrı'nın işi olduğunu itiraf eden tanıklıkları bile duymuş olabilirsiniz (Ef. 2:8-9). "Tamamen günah içinde kaybolmuştum ama Tanrı…" diye söze başlayanlar olmuştur.

Öte yandan, eğer Kutsal Kitap'ın Mesih'e dönmemizde Tanrı'nın işleyişi hakkında söylediği şeyler kiliselerimizde bir yana bırakılırsa, o zaman müjdeleme de sözlü bir ikrar ortaya koymak için elimizden geleni yaptığımız bize bağlı bir şeye dönüşür. Bir kilisenin Kutsal Kitap'a dayalı Mesih'e dönme ve müjdeleme anlayışına sahip olmayabileceğinin bir işareti de, üyelerinin sayısının, katılım gösteren kişi sayısından belirgin şekilde daha fazla olmasıdır. Böyle bir kilisenin durup düşünmesi ve yaptıkları müjdelemenin neden hiç ortalıkta olmayan ancak kurtulduğundan emin olan birçok üyeyle sonuçlandığını gözden geçirmesi gerekir. Onlara Mesih'teki öğrenciliğin ne anlama geldiğini söyledik? Onlara Tanrı, günah ve dünya hakkında ne öğrettik?

Kilisenin tüm üyeleri için, ancak özellikle de öğretme sorumluluğuna sahip önderler için Kutsal Kitap'a dayalı bir müjdeleme anlayışı çok önemlidir.

Kutsal Kitap'a göre Hristiyanlar, Hristiyan olmayanlarla, ilgilenmek, onlara ulaşmak ve hatta onları ikna etmek üzere çağrılmaktadırlar (2.Ko. 5:11). Oysa bizim bunu "gerçeği ortaya koyarak" ve "utanç verici gizli yolları" reddederek yapmamız gerekir (2.Ko. 4:2).

Müjdeleme, başka bir deyişle, bir kişinin İsa hakkında bir karar vermesi için elimizden gelen her şeyi yapmakla ya da görüşlerimizi karşı tarafa empoze etmekle ilgili değildir. Ruhsal olarak yeniden doğuşu zorla yaratmaya çalışmak, ancak Hezekiel'in ölmüş, kuru kemikleri birbirine ekleyip bir insan yapmaya çalışması (Hez. 37) veya Nikodim'in kendini Ruh'ta yeniden doğurmaya çalışması kadar etkili olacaktır (Yu. 3).

Dahası, müjdeleme kişisel bir tanıklığı paylaşmakla aynı şey değildir. İnanca dair mantıksal bir savunma sunmakla aynı şey değildir. Her ne kadar tüm bunlar müjdelemeye eşlik edebilecek olsa da, müjdeleme hayır işleri yapmak da değildir. Ayrıca müjdeleme, "yalnızca kişi iman ederse başarılı olmuşuz demektir" gibi düşünülerek müjdelemenin sonuçlarıyla karıştırılmamalıdır.

Hayır, müjdeleme sözler iletmektir. Bir haberi paylaşmaktır. 8. bölümde bahsettiğimiz iyi haberi, yani Mesih'in, ölümü ve dirilişi aracılığıyla kutsal bir Tanrı ve günahkâr insanların barışabilmesi için bir yol sağladığı haberini sunmaktır. Bu iyi haberi sunduğumuzda, Tanrı gerçek Mesih'e dönüşleri de sağlayacaktır (bkz. Yu. 1:13; Elç. 18:9-10). Kısacası, müjdeleme iyi haberi özgürce sunmak ve insanları Mesih'e döndürmesi için Tanrı'ya güvenmektir (bkz.

Elç. 16:14). "Kurtuluş senden gelir, ya RAB!" (Yun. 2:9; krş. Yu. 1:12-13).

Müjdeleme yaparken, insanlara Müjde'yle ilgili verecekleri kararda bilmeleri gereken üç şeyi aktarmaya çalışıyorum:

- Bu kararın bedeli ağırdır ve bu yüzden dikkatlice düşünülmelidir (bkz. Luk. 9:62).
- Bu karar acildir ve bu yüzden en kısa zamanda alınmalıdır (bkz. Luk. 12:20).
- Bu karar buna değer ve bu yüzden de bu kararı almalısınız (bkz. Yu. 10:10).

Aile ve arkadaşlarımıza kişisel olarak iletmemiz gereken mesaj bu mesajdır. Bütün bir kilise olarak, toplulukça iletmemiz gereken mesaj bu mesajdır.

Müjdeleme hakkında basılmış bazı mükemmel kaynaklar var. Müjde'ye yönelik anlayışımız ve kullandığımız müjdeleme yöntemleri arasındaki yakın bağlantıyı daha iyi görebilmek için, Will Metzger'ın *Tell the Truth* (InterVarsity Press) kitabını, Iain Murray'in *The Invitation System* ve *Revival and Revivalism* (Banner of Truth Trust) kitabını ve kendi kitabım olan *The Gospel and Personal Evangelism* (Crossway) kitaplarını öneririm.

Sağlıklı bir kilisenin diğer bir önemli işareti de, müjdelemenin Kutsal Kitap'a dayalı bir şekilde anlaşılması ve uygulanmasıdır. Tek gerçek büyüme, Tanrı'dan olan ve halkı aracılığıyla gelen büyümedir.

ONUNCU BÖLÜM

SAĞLIKLI BİR KİLİSENİN TEMEL İŞARETLERİNDEN BİRİ: KUTSAL KİTAP'A DAYALI ÜYELİK ANLAYIŞI

Kilise üyeliği Kutsal Kitap'a uygun bir fikir midir? Bir anlamda, hayır. Yeni Antlaşma'yı açtığınızda, Priskila ve Akvila'nın Roma şehrine taşınmasıyla birlikte bir kiliseyi kontrol ettiklerine, sonra başka bir kiliseyi kontrol ettiklerine ve sonunda üçüncü bir kiliseye katılmaya karar verdiklerine ilişkin bir hikâye bulamazsınız. Söyleyebildiğimiz kadarıyla, kimse bu şekilde bir "kilise gezisi" yapmadı çünkü her toplumda sadece bir kilise vardı. Bu anlamda, Yeni Antlaşma'da kilise üyelerinin bir listesini bulamazsınız.

Ancak görülüyor ki, Yeni Antlaşma kiliseleri kilisenin desteklediği dulların listeleri gibi, insanların listelerini tutmuştur (1.Ti. 5). Daha da önemlisi, Yeni Antlaşma'daki bazı bölümler, kiliselerin kendi üyelerini tanımlamanın bir yoluna sahip olduğunu göstermektedir. Topluluklarına kimin ait olduğunu ve kimin olmadığını biliyorlardı.

Örneğin, bir keresinde Korint kilisesindeki bir adam "putperestler arasında bile rastlanmayan türden" bir ahlaksızlık içinde yaşıyordu (1.Ko. 5:1). Pavlus, Korintliler'e yazdı ve onlara bu adamı topluluklarından çıkarmalarını söyledi. Şimdi durun ve bunu düşünün. Eğer bir kişi resmen bir yere *dahil değilse*, bu kişiyi resmi bir şekilde *ihraç edemezsiniz*.

Görünüşe göre, Pavlus bu kişiden Korintliler'e yazdığı bir sonraki mektubunda da bahsediyor: "Böyle birine çoğunluğun verdiği bu ceza yeterlidir" (2.Ko. 2:6). Durun ve tekrar düşünün. Yalnızca tanımlanmış belli bir grup insan varsa bir "çoğunluğa" sahip olabilirsiniz. Nitekim bu durumda tanımlanmış bir kilise üyeliğinden bahsedilmektedir.

Pavlus "kimin içeride" ve "kimin dışarıda" olduğu konusunu umursuyordu. Bunu umursuyordu çünkü Rab İsa'nın kendisi, kiliselere çevrelerine insan yetileriyle yapabilecekleri en iyi şekilde bir sınır çizme ve dünyadan kendilerini ayırma yetkisini vermiştir.

> "Size doğrusunu söyleyeyim, yeryüzünde bağlayacağınız her şey gökte de bağlanmış olacak. Yeryüzünde çözeceğiniz her şey gökte de çözülmüş olacak." (Mat. 18:18; ayrıca bkz. 16:19; Yu. 20:23)

Söylediğimiz gibi, sağlıklı kiliseler Tanrı'nın karakterini giderek daha fazla yansıtan topluluklardır. Bu nedenle, dünyadaki kayıtlarımızın göklerin kendi kayıtlarına, Kuzu'nun yaşam kitabında adı yazılı olanlara mümkün olduğu kadar yakın olmasını isteriz (Flp. 4: 3; Vah. 21: 27).

Sağlıklı bir kilise Yeni Antlaşma'nın da buyurduğu gibi imanını ikrar eden kişileri alma ve gerektiğinde onları uzaklaştırma görevini yerine getirmeyi arzular. Bunun anlamı da, sağlıklı bir

Sağlıklı Bir Kilisenin Temel İşaretleri

kilisenin Kutsal Kitap'a dayalı bir üyelik anlayışına sahip olmayı hedeflediğidir.

Bir tapınağın tuğlaları vardır. Bir sürünün koyunları vardır. Bir asmanın dalları vardır. Bir bedenin de üyeleri var. Bir anlamda, Mesih bizi kurtardığında ve bizi bedenin bir üyesi yaptığında, kilise üyeliği başlamaktadır. Yine de, Mesih'in kurtaran eylemi gerçek bir yerel kilisede ifade bulmalıdır. Bu anlamda, kilise üyeliği belirli bir bedene adandığımızda başlar. Bir Hristiyan olmak, bir kiliseye üye olarak katılmak anlamına gelir.

Kutsal Yazılar bu nedenle bize düzenli olarak toplanmamızı ve böylece sahip olduğumuz ortak umutta sevinç bulup birbirimizi sevgi ve iyi işler için gayrete getirmemizi söyler (İbr. 10:23-25). Kilise üyeliği, zamanında tik attığımız bir kutucuktan ibaret değildir. Hassas bir duygudan, histen ibaret değildir. Tanıdık bir yere karşı gösterilen bir sevgi değildir. Ebeveynlere karşı sadakatin ya da sadakatsizliğin bir ifadesi değildir. Kilise üyeliği, yaşayan bir adanmanın yansıması olmalıdır. Aksi takdirde, hiçbir değeri yoktur. Hatta, değersizlikten daha da kötüsü, birazdan değineceğimiz üzere tehlikelidir de.

Hristiyanlar arasında kilise üyeliği uygulaması, Hristiyanlar birbirlerini sorumluluk ve sevgi içinde tuttukları zaman ortaya çıkar. Kendimizi belirli bir yerel kiliseyle özdeşleştirerek kilisenin pastörlerine ve diğer üyelerine sadece onlara bağlı olduğumuzu değil, aynı zamanda onlara toplanma, bağışta bulunma, dua ve hizmette bağlı olduğumuzu da söylüyoruz. Onlara bizden bazı şeyleri beklemelerini ve bunları takip etmediğimiz takdirde bizi sorumlu tutmalarını söylüyoruz. Bir kiliseye üye olmak, "Şimdi ben senin sorumluluğundayım ve sen de benim sorumluluğumdasın" demektir (Evet, bu içinde bulunduğumuz kültüre karşı olan bir şeydir. Dahası, günahkâr doğamıza karşıdır.)

Kutsal Kitap'a dayalı üyelik, sorumluluk almak anlamına gelir. Bu sorumluluk, Kutsal Yazılar'ın her birinde arka arkaya ortaya çıkan *birbirini* sevmek, *birbirine* hizmet etmek, *birbirini* teşvik etmek gibi karşılıklı yükümlülüklerimizden gelmektedir. Bu buyrukların tümü sağlıklı bir kilisenin sahip olduğu antlaşmasında yer bulmalıdır (bkz. ek bölüm).

Son üç işaretin doğru bir şekilde anlaşılması, bu işaretin de doğru bir şekilde anlaşılmasına yardımcı olacaktır. Kilise üyeleri Müjde'ye daha fazla değer verdikçe, Mesih'e dönmenin Tanrı'nın işi olduğunu anladıkça ve "arayışta olanlar"a müjdeleme yaparken onlara neleri gözden çıkarmaları gerektiğini söyledikçe, karşılıklı sorumluluklarını da daha iyi kavrayacaklardır. Hristiyanlar kiliselerini istedikleri zaman gelip hizmet alabilecekleri, Hristiyanlık pazarında bir dükkân gibi görmeyi bıraktıkça, kiliseleri parçaları birbirine bakan bir beden, içinde yaşadıkları birer ev olarak göreceklerdir.

Ne yazık ki, resmi üyelik listesinde bulunan insanların sayısı ve düzenli olarak katılan insanların sayısı arasında büyük bir boşluk bulmak hiç nadir bir durum değildir. Sadece altı yüz kişinin düzenli katıldığı, üç bin üyesi olan bir kilise düşünün. Korkarım ki, günümüzde birçok müjdeci pastör, katılmayan üyeler konusunda kaygılanmak yerine, sözde üyeliklerinin büyük sayılarıyla gurur duyuyor olabilir. Yakın tarihli bir araştırmaya göre, sıradan, ortalama bir Güney Baptist kilisesinin 233 üyesi var ancak bunların sadece 70 tanesi pazar sabahları ibadete katılıyor.

Peki bağışlardaki durumumuz daha mı iyi? Hangi toplulukta, üyelerin gelirlerinin toplamının (bırakın yüzde 10'u geçmeyi) yüzde 10'u kadar bütçe var?

Fiziki sınırlamalar katılıma ve finansal yükler de bağış ve ondalıklara engel teşkil edebilir. Ama aksi yöndeki katılmama ve

Sağlıklı Bir Kilisenin Temel İşaretleri

bağışta bulunmama durumlarında, kiliselerin sayıları putlaştırıp putlaştırmadığı sorusu ortaya çıkmaktadır. Sayısal rakamlar oyma figürler kadar, belki de daha da kolay bir şekilde putlaştırılabilir. Yine de Tanrı, kilisedeki sayılarımızı saymak yerine, inanıyorum ki, yaşamımızı inceleyecek ve eylemlerimizi tartacaktır.

Kiliseye katılım göstermeyen ve sorumluluktan kaçan üyelerle ilgili bu kadar tehlikeli olan şey nedir? İlgisiz üyeler, bir Hristiyan olmanın ne anlama geldiği konusunda hem gerçek üyelerin hem de Hristiyan olmayanların kafasını karıştırırlar. Ayrıca aktif üyeler bile bile aktif olmayan üyelerin kilise üyesi olarak kalmalarına izin verdiklerinde, onlara hizmet etmiş olmazlar. Çünkü üyelik, kilisede bir kişinin kurtuluşunun toplulukça onayıdır. Burayı anladınız mı? Birini kilisenizin bir üyesi olarak adlandırarak, kilisenizin o bireyi bir Hristiyan olarak onayladığını söylemiş oluyorsunuz.

Dolayısıyla, eğer bir topluluk gözlerini aylarca, hatta yıllarca bir bireye odaklamadıysa, o kişinin yarışı sadakatle sürdürdüğüne nasıl tanıklık edebilir? Bir birey kiliseye gelmiyorsa ve Kutsal Kitap'a uygun başka bir kiliseye katılmadıysa, en başından beri bizden biri olup olmadığını nasıl anlarız ki (bkz. 1.Yu. 2:19)? Bu şekilde katılımda bulunmayan insanların kesinlikle Hristiyan olmadıklarını söyleyemeyiz; sadece Hristiyan olduklarını teyit edemeyiz. Bu kişilere, "Biz senin cehenneme gideceğini biliyoruz" dememiz gerekmiyor; sadece, "Senin cennete gideceğine güven duyduğumuzu söyleyemeyiz" dememiz gerekiyor. Bir kilise sürekli olarak katılım göstermeyen bir kişiyi onaylıyorsa, bu kilise ya saflık etmektedir ya da daha da kötüsü dürüstçe davranmamaktadır.

Kutsal Kitap'a dayalı üyeliği uygulayan bir kilise, üyelerinin mükemmel olmasını şart koşmaz; alçakgönüllülük ve dürüstlük bekler. Üyeleri sadece belli kararlar almaya değil, gerçek birer öğrenci olmaya çağırır. Bireyin Tanrı'yla olan ilişkisini önemsiz görmez ancak henüz mükemmelliğe erişmemiş bireylerden çok fazla şey de beklemez. Bu nedenle Yeni Antlaşma, Tanrı'yla ve birbirleriyle antlaşma içinde olanlar tarafından yapılan toplulukça onaylamayı bir rol olarak ortaya koyar.

Kâğıt üzerindeki *adların gerçekte* de birer üye haline gelmeleri için kiliselerdeki üyelik istatistiklerinin giderek daha anlamlı hale geldiğini görmeyi umuyorum. Bu, kilisenin yeri geldiğinde üyelik listesinden adları silmesi anlamına gelebilir (her ne kadar kalplerimizden silmesek de). Çoğu zamansa bu, Tanrı'nın kilise için olan tasarısını yeni üyelere öğretme ve mevcut üyelere kilisenin yaşamına olan bağlılıklarını sürekli olarak hatırlatma anlamına gelir. Kendi kilisemde, bunu üyelik derslerinden, Rab'bin Sofrası'nı her aldığımızda kilise antlaşmasını yüksek sesle okumaya kadar çeşitli şekillerde yapıyoruz.

Kilisemiz sağlıklı bir şekilde büyüdükçe, pazar sabahı gelen kişilerin sayısı, bir kez daha resmi üye listemizdeki adların sayısını aştı. Elbette bu sizin kiliseniz için de istediğiniz bir şey olmalıdır.

Onların topluluğumuzdaki üyeliklerine sadece boş duygularla kâğıt üzerinde bağlı kalmalarına izin verdiğimizde, bu eski dostlarımızı düzgün bir şekilde sevmiş olmayız. Onları ancak haftalık, hatta günlük olarak başkalarını sevebilecekleri ve sevilebilecekleri başka bir kiliseye katılmaya teşvik ederek sevmiş oluruz. Bu nedenle, kendi kilisemin antlaşmasında, "buradan ayrıldığımızda, mümkün olan en kısa sürede, bu antlaşmanın ruhunu ve Tanrı'nın sözünün ilkelerini gerçekleştirebileceğimiz başka bir kiliseyle birleşeceğiz" diye söz veriyoruz. Bu bağlılık, özellikle her şeyin geçici olduğu çağımızda, sağlıklı birer öğrenci olmanın bir parçasıdır.

Kilise üyeliğini tekrardan düzgün bir şekilde uygulamanın birçok faydası olacaktır. Kiliselerimizin Hristiyan olmayanlar karşısındaki tanıklığını daha berrak bir hale getirecektir. Sürüden ay-

Sağlıklı Bir Kilisenin Temel İşaretleri

rıldığı halde kendine koyun demeye devam eden zayıf koyunlar için işleri daha zor bir hale getirecektir. Daha olgun Hristiyanların öğrenci yetiştirme süreçlerinin şekillendirilmesine ve bu alana daha çok odaklanılmasına yardımcı olacaktır. Kilise önderlerinin tam olarak kimden sorumlu olduklarını bilmelerine yardımcı olacaktır. Bütün bunlarla, Tanrı yüceltilecektir.

Kilise üyeliğinin şu anda olduğundan daha fazla anlam ifade etmesi için dua edin. Bu şekilde, kimin için dua etmemiz gerektiğini, kimi teşvik etmemiz ve kimi imanda zorlamamız gerektiğini daha iyi bilebiliriz. Kilise üyeliği, Mesih'in bedenine pratik yollarla dahil olma anlamına gelir. Bu, göksel evimize giderken, bu dünyadaki garipler ve yabancılar olarak birlikte seyahat etmek anlamına gelir. Kesinlikle sağlıklı bir kilisenin bir başka işareti de, Kutsal Kitap'a dayalı bir kilise üyeliği anlayışıdır.

ON BİRİNCİ BÖLÜM

SAĞLIKLI BİR KİLİSENİN TEMEL İŞARETLERİNDEN BİRİ: KUTSAL KİTAP'A DAYALI KİLİSE DİSİPLİNİ

Kutsal Kitap'a dayalı bir kilise üyeliği anlayışından doğan bir başka unsur, Kutsal Kitap'a dayalı kilise disiplinidir. *Üyelik* kilisenin etrafına bir sınır çizerek kiliseyi dünyadan ayırır. *Disiplin*, bu sınır çizgisinin içinde yaşayan kilisenin, çizgiyi ilk etapta çizmeye neden olan şeylere sadık kalmasına yardımcı olur. Kilise disiplini, kilise üyesi olmaya anlam katar ve sağlıklı bir kilisenin bir başka önemli işaretidir.

Kilise disiplini tam olarak nedir? En dar anlamıyla, Hristiyan olduğunu iddia eden ancak işlemekte olduğu ciddi günahlardan dolayı tövbe etmeyi reddeden bir kişiyi kiliseye üyeliğinden ve Rab'bin Sofrası'ndan uzaklaştırma eylemidir.

Kilise disiplinini anlamak için, 3. bölümde Tanrı'nın evreni, insanlığı, İsrail'i ve kiliseyi yaratmadaki amaçları hakkında söylediklerimizi tekrar etmemiz bize yardımcı olabilir. Tanrı yüceliğini göstermek için evreni yarattı. Sonra insanlığı aynı amaç için ve özellikle de suretini taşımamızı sağlayarak yarattı (Yar. 1:27). İnsanlık –Adem ve Havva– Tanrı'nın görkemini sergilemedi ve bu yüzden de Tanrı onları bahçeden çıkardı.

Tanrı daha sonra İsrail'i kendi yüceliğini, özellikle de kutsallığını ve karakterini uluslara yasada açıklandığı şekliyle göstermeye çağırdı (bkz. Lev. 19:2; Özd. 24:1, 25). Tarih boyunca bu yasa, toplulukta bazı insanları yola getirmek ve hatta topluluktan atmak için temel teşkil ediyordu (Say. 15:30-31'de olduğu gibi). Bu, sonunda İsrail'in vaat edilen topraklardan kovulmasının temeli oldu.

Son olarak, söylediğimiz gibi Tanrı, kendi Sözü'nde açıkladığı karakterini aynı şekliyle gün geçtikçe daha da fazla yansıtması için kiliseyi yarattı. Tüm Kutsal Kitap'ın olay örgüsünü izlediğimizde görürüz ki, kilise disiplini, umursamaz bir şekilde Müjde'ye leke sürülmesine sebep olan ve bunu düzeltme konusunda hiçbir kararlılık göstermeyen bir bireyi kiliseden çıkarma eylemidir. Disiplin kilisenin Tanrı'nın görkemli karakterini sadakatle yansıtmasına yardımcı olur. Kilisenin kutsal kalmasına yardımcı olur. Disiplin, sureti yansıtan aynayı parlatmak ve üzerinde hiçbir leke bırakmamak adına yapılan bir girişimdir (bkz. 2Ko. 6:14-7:1; 13:2; 1.Ti. 6:3-5; 2.Ti. 3:1-5). Neden disiplin? Tanrı'nın kutsal ve sevgi dolu karakteri daha berrak bir şekilde görünebilsin ve daha parlak bir şekilde ışıldayabilsin diye.

Disiplin süreci nasıl işler? Günahın yaşandığı durumlar muazzam bir şekilde değişebildiğinden, her durumda nasıl davranılacağını bilmek için gereken pastörel bilgeliğe olan ihtiyaç da aynı şekilde değişmektedir.

Bununla birlikte, İsa'nın Matta 18'deki sözleri bize genel sınırları vermektedir (Mat. 18:15-17). Günah içindeki erkek kardeşi veya kız kardeşi birebirde uyararak başlayın. Günahkâr kişi tövbe ederse, disiplin süreci sona erer. Etmezse, o halde başka bir Hristi-

Sağlıklı Bir Kilisenin Temel İşaretleri

yan'la birlikte kardeşe ikinci kez gidin. Eğer hâlâ tövbe etmiyorsa, o halde İsa'nın da dediği gibi, "durumu inanlılar topluluğuna bildir. Topluluğu da dinlemezse, onu putperest ya da vergi görevlisi say" (Mat. 18:17). Yani, kişiye bir yabancı gibi davranın.

Bu fikir bugün tümüyle birçok insana sert gelebilir. Ayrıca, İsa takipçilerinin başkalarını yargılamasını yasaklamadı mı? Bir anlamda, elbette yasakladı: "Başkasını yargılamayın ki, siz de yargılanmayasınız" (Mat. 7:1). Ama aynı Müjde'de, İsa kiliseleri kendi üyelerini günahtan dolayı azarlamaya, hatta bunu topluluk önünde yapmaya bile çağırdı (Mat. 18:15-17; Luk. 17:3). Dolayısıyla İsa "yargılamayın" demekle her ne demek istemiş olursa olsun, bunu bugün "yargılamak" denebilecek her şeyi ihtimal dışı bırakmak için söylemedi.

Kesinlikle Tanrı'nın kendisi bir yargıçtır. Adem'i bahçede yargılamıştır. Eski Antlaşma'da hem ulusları hem de bireyleri yargıladı. Yeni Antlaşma'da Hristiyanların yaptıklarına göre yargılanacağını vaat etmektedir (bkz. 1.Ko. 3). Ayrıca son günde, tüm insanlığın nihai yargıcı olarak kendisini göstereceğini vaat etmektedir (bkz. Vah. 20).

Tanrı, yargısında hiçbir zaman yanlış değildir. O her zaman doğru ve adildir (bkz. Yşu. 7; Mat. 23; Luk. 2; Elç. 5; Rom. 9). Bazen yargıdaki amaçları, çocuklarını terbiye ettiği zaman olduğu gibi düzeltici, kurtarıcı ve onarıcıdır. Bazen de amaçları tanrısızların üzerine gazabını yağdırdığı gibi öç alıcıdır ve kesindir (bkz. İbr. 12). Her iki durumda da, Tanrı'nın yargısı her zaman doğru ve adildir.

Bugün birçok insanı şaşırtan şey, Tanrı'nın insanları sık sık yargısını gerçekleştirmek için kullanmasıdır. Devlete vatandaşlarını yargılama sorumluluğu verilmiştir (bkz. Rom. 13). Hristiyanlara kendilerini yargılamaları söylenmiştir (bkz. 1.Ko. 11:28; İbr.

4; 2.Pe. 1:5). Topluluklara da, Tanrı'nın yaptığı gibi nihai bir yargı getiremeseler de, yeri geldiğinde kilise üyelerini yargılamaları söylenmiştir.

Matta 18'de, 1. Korintliler 5-6'da ve başka yerlerde, kiliseye kendi içinde yargı vermesi buyrulur. Bu yargı kurtarmak, kazanmak içindir, öç almak için değil (Rom. 12:19). Pavlus Korint'teki kiliseye, zina yapan adamı Şeytan'a teslim etmelerini söyledi, öyle ki, "Rab İsa'nın gününde ruhu kurtulabilsin" (1.Ko. 5:5). Efes'teki sahte öğretmenlerle ilgili Timoteos'a da aynısını söylemiştir (1.Ti. 1:20).

Tanrı'nın bizi belirli yargı şekillerini veya disiplini kullanmaya çağırdığına şaşırmamalıyız. Kiliseler Hristiyanların nasıl *yaşadığı* hakkında bir söz söylemek istiyorlarsa, önce Hristiyanların nasıl *yaşamadığı* hakkında bir şeyler söylemek zorundadırlar. Yine de, birçok kilisenin öğrenciliğe yaklaşma şeklinin, sızıntı yapan kovalara su dökmek gibi olduğundan endişeleniyorum. Suyun nasıl doldurulduğuna pür dikkat odaklanırken, suyun orada nasıl tutulduğuna bakmıyorlar. Bu yöndeki eğilimin göstergelerinden biri de, son birkaç nesilde kilise disiplini uygulamalarındaki düşüştür.

Kilise büyümesiyle ilgili yazan bir yazar geçenlerde büyüyen kiliseler için kendi stratejisini şöyle özetledi: "Ön kapıyı açın ve arka kapıyı kapatın." Bu ifadeyle, kiliselerin kendilerini dışarıya daha açık hale getirirken, aynı zamanda içeridekileri takip etmekte de daha iyi olmaları gerektiğini kastetmiştir. Bunlar iyi hedeflerdir. Oysa bence pastörler ve kiliselerin çoğu, bugün zaten bunu yapmak istiyor ve yapamıyorlar. Kutsal Kitap'a daha uygun olduğunu düşündüğüm ve benim de şahsen önerdiğim stratejiyse şu: *ön kapıyı dikkatlice koruyun ve arka kapıyı açın.* Başka bir deyişle, bir yandan katılmayı daha zor hale getirirken, diğer yandan ayrılmayı kolaylaştırın. Unutmayın, yaşama giden yol dardır, geniş değil.

Sağlıklı Bir Kilisenin Temel İşaretleri

İnanıyorum ki böyle yapmak, kiliselerin Tanrı'nın amaçladığı şekilde dünyadan ayrımlarını geri kazanmalarına yardımcı olacaktır.

Bu nedenle, disiplin uygulamaktaki ilk adımlardan biri, yeni üyeler alma konusunda daha fazla özen göstermektir. Bir kilise üyelik için başvuran her bireye Müjde'nin ne olduğunu sormalı ve Mesih'i onurlandıran bir yaşamın doğasını anladıklarına ilişkin bazı kanıtlar vermelerini istemelidir. Üye adaylarının, kilisenin onlardan ne beklediğini ve adanmışlığın önemini bilmeleri kendilerine fayda sağlayacaktır. Kiliseler yeni üyeleri tanıma ve kabul etme konusunda daha dikkatli olurlarsa, daha sonra düzeltici kilise disiplini uygulamaya da daha az gerek olacaktır.

Kilise disiplini kötü bir şekilde uygulanabilir. Yeni Antlaşma bize başkalarını kendi kafamızda onlara atfettiğimiz niyetlere dayanarak yargılamamamızı (bkz. Mat. 7:1) ya da hayati olmayan konularda birbirimizi yargılamamamızı öğretir (bkz. Rom. 14-15). Disiplini yerine getirirken, tutumlarımızda kindar olmamalı, sevgi dolu bir şekilde "korkuyla merhamet edin" buyruğuna uymalıyız (Yah. 23). Şüphesiz, kilise disiplini bilgeliği ve çobanlığı uygulama noktasında çeşitli sorunlarla doludur. Ama biz bütün Hristiyan yaşamının zor ve suiistimale açık olduğunu unutmamalıyız. Ayrıca yaşadığımız zorluklar, bir şeyi hiç uygulamadan bırakmak için bir bahane olarak kullanılmamalıdır.

Her yerel kilise, özellikle de kilisenin Müjde'ye tanıklığı tehlikeye atıldığında, önderlerinin ve üyelerinin yaşamını ve öğretisini yargılamak için bir sorumluluğa sahiptir (bkz. Elç. 17; 1.Ko. 5; 1.Ti. 3; Yak. 3:1; 2.Pe. 3; 2.Yu).

Kutsal Kitap'a dayalı kilise disiplini, basitçe Tanrı'ya itaat demektir ve yardıma ihtiyacımızın olduğunun bir itirafıdır. Tanrı'nın insanlığı bu yargıyı gerçekleştirmek için hiç kullanmadığı bir dünya hayal edebiliyor musunuz? Ebeveynlerin çocuklarını asla terbiye etmediği, yasaların suçluları asla cezalandırmadığı ve kiliselerin üyelerini asla azarlamadığı bir dünya düşünebiliyor musunuz? Böyle olsa, yargı gününe, dünyasal yargıyı hiç tecrübe etmemiş ve üzerimizdeki o çok daha büyük olan yargı hakkında hiç uyarılmamış bir şekilde giderdik. Tanrı bu geçici cezalarla gelecek olan, geri döndürülemez adaletini bize öğretmekle ne kadar da merhametli davranmaktadır (bkz. Luk. 12:4-5)!

Aşağıda düzeltici kilise disiplinini uygulamak için beş olumlu neden mevcuttur. Düzeltici kilise disiplini, sevgisini şu noktalarda gösterir:

1) disiplin altındaki bireyin iyiliği;
2) günahın tehlikesini gören diğer Hristiyanlar;
3) bir bütün olarak kilisenin sağlığı;
4) kilisenin toplu olarak tanıklığı ve dolayısıyla da toplumdaki Hristiyan olmayan kişiler;
5) ve Tanrı'nın yüceliği. Kutsallığımız Tanrı'nın kutsallığını yansıtmalıdır.

Kilisenin bir üyesi olmak kendi gururumuza değil, Tanrı'nın adına hizmet etmelidir. Kutsal Kitap'a dayalı kilise disiplini, sağlıklı bir kilisenin bir başka önemli işaretidir.

ON İKİNCİ BÖLÜM

SAĞLIKLI BİR KİLİSENİN TEMEL İŞARETLERİNDEN BİRİ: KUTSAL KİTAP'A DAYALI ÖĞRENCİ YETİŞTİRME VE BÜYÜME

Sağlıklı bir kilisenin bir diğer önemli işareti, Kutsal Kitap'ta tarif edildiği şekliyle büyümenin, kilise içerisinde ciddi bir şekilde önemsenmesidir. Bu sadece büyüyüp artan sayılar anlamına değil, büyüyen üyeler anlamına gelir.

Bugün bazıları bir insanın ömrü boyunca bir "bebek Hristiyan" olarak kalabileceğini düşünüyor. Büyüme, gayretli takipçiler için isteğe bağlı ekstra bir şey olarak kabul ediliyor. Ancak büyüme, yaşamın bir işaretidir. Bir ağaç yaşıyorsa, büyür. Bir canlı yaşıyorsa, büyür. Hayatta olmak büyümek anlamına ve büyümek de en azından ölüm müdahale edene kadar ilerlemek anlamına gelir.

Pavlus, Korintliler'in imanda büyüyeceğini umuyordu (2.Ko. 10: 15) ve Efesliler için de şöyle demişti: "Sevgiyle gerçeğe uyarak bedenin başı olan Mesih'e doğru her yönden büyüyeceğiz" (Ef. 4:15; Kol. 1:10; 2.Se. 1:3). Petrus okuyucularını şöyle teşvik etti: "Yeni doğmuş bebekler gibi, hilesiz sütü andıran Tanrı sözünü özleyin ki, bununla beslenip büyüyerek kurtuluşa erişesiniz" (1.Pe. 2:2).

Pastörler ve hatta bazı üyeler, kiliselerini daha yönetilebilir birtakım katılım istatistiklerine, vaftize, ondalığa ve üyeliğe indirgeme hatasına düşebilirler. Bu tür bir büyüme somuttur. Ancak bu tür istatistikler, Yeni Antlaşma yazarlarının tarif ettiği ve Tanrı'nın istediği gerçek büyümenin çok gerisinde kalmaktadır.

Hristiyanların lütufta büyüdüğünü nasıl anlarız? Sonuçta heyecanlanmalarına, çok sayıda dini sözler kullanmalarına veya Kutsal Kitap hakkında artan bir bilgiye sahip olmalarına bakarak bunu bilemeyiz. Kilise için artan bir sevgi sergilemeleri ya da kendi imanlarında güven sahibi olduklarını göstermeleri de belirleyici şeyler değildir. Hatta Hristiyanların büyüdüğünden, Tanrı için gözle görülür bir şevke sahip gibi görünmelerine bakarak dahi emin olamayız. Bütün bunlar gerçek Hristiyan büyümesinin kanıtı *olabilir*. Aynı zamanda, göz önünde bulundurulması *gereken* ve göz ardı edilen en önemli büyüme belirtilerinden biri, Hristiyanların kendini inkâr etmesinden kaynaklanan, artan kutsallıktır (bkz. Yak. 2: 20-24; 2.Pe. 1:5-11). Kilisenin güttüğü en büyük kaygılardan biri, kendi üyelerinin yaşamlarında bu artan kutsallığı görmek olmalıdır.

Kutsallığı ihmal etmek, kilise disiplinini ihmal etmek gibi, zor büyüyen öğrencilerle sonuçlanır. Kutsal olmayan davranışların kontrol edilmediği kiliselerde, öğrencilerin Mesih'i onurlandıran yaşam konusunda kafaları karışık olur. Bu, yabani otların asla ayıklanmadığı ya da güzel şeylerin asla dikilmediği bir bahçe gibidir.

Kilisenin, Tanrı'nın lütfuyla insanları yetiştirmekte aracı olma zorunluluğu vardır. İmanlıların antlaşma topluluğunda olgun, kutsallığa yönlendiren şeyler, Tanrı'nın elinde halkını büyütmek için kullanacağı araçlar olabilir. Tanrı'nın halkı kutsallık ve fe-

Sağlıklı Bir Kilisenin Temel İşaretleri

dakâr bir sevgi içerisinde birlikte bina edilip büyüdükçe, kişilerin disiplini uygulama ve öğrenci yetiştirmeyi teşvik etme kabiliyetleri de gelişmelidir.

Bir kilisenin yaşamına baktığınızda, üyelerin büyümeleri çeşitli birçok yolla ortaya çıkabilir. Birkaç olasılık şöyledir:

- Hizmet etmeye çağrılanların sayısında artış: "Müjde'yi Güney Amerika'dan gelen komşularımla paylaşmaktan keyif aldım. Acaba Tanrı beni hizmet etmeye çağırıyor mu?"
- Yaşça büyük üyelerin müjdeleme ve genç üyeleri öğrenciler olarak yetiştirmede kendi sorumluluklarıyla ilgili yeni bir anlayışa sahip olması: "Neden akşam yemeği için bize gelmiyorsunuz?"
- Yaşça büyük olan üyelere besledikleri sevgiden ötürü onların cenazelerine katılan genç üyeler: "Yirmili yaşlarındaki bekar bir genç adam olarak, Bay ve Bayan ...'nın benimle ilgilenmeleri çok güzeldi."
- Kilisede duanın varlığında artış yaşanması ve müjdecilik ve hizmet fırsatlarına odaklanan daha fazla duanın olması: "İşyerimde müjdeleme amaçlı bir Kutsal Kitap çalışması başlatacağım ve biraz gerginim. Lütfen kilise olarak dua edelim ki..."
- Daha fazla üyenin yabancılarla Müjde'yi paylaşması.
- Üyelerin kilisenin programlarına daha az bel bağlaması ve üyelerden doğal bir şekilde oluşan daha fazla hizmet faaliyetinin gelmesi: "Sevgili pastörüm, Sally ve ben Doğuş Bayramı için kilisedeki kadınlarla müjdeleme fırsatı olarak birlikte bir çay zamanı düzenleyelim diyoruz. Buna ne dersiniz?"
- Kilise üyeleri arasında ruhsal konuşmaların yapıldığı, günahların itiraf edildiği ve aynı zamanda da odağın çarmıh

olduğu gayri resmi toplantılar: "Merhaba kardeşim, gerçekten ... konusunda sıkıntılarım var."
• Artan ölçüde, fedakârca yapılan bağış ve ondalık: "Canım, ... konusunda destek sağlayabilmek için aylık bütçemizden nasıl elli dolar ayırabiliriz?"
• Ruh'un meyvelerinde artış.
• Kiliseye hizmet edebilmeleri için kariyerlerinden fedakârlıklar yapan üyeler: "Chris'in, ihtiyarlığa aynı adanmışlıkla devam edebilmek adına işyerinden gelen terfii üç kez reddettiğini duydunuz mu?"
• Kocaların eşlerine fedakârlıkla önderlik etmeleri: "Canım, sevildiğini ve anlaşıldığını daha iyi hissedebilmen için ne yapabilirim?"
• Eşlerin kocalarına tabi olmaları– "Canım, bugününü biraz daha kolaylaştırabilmek adına ne yapabilirim?"
• Ebeveynlerin çocuklarını imanda birer öğrenci olarak yetiştirmeleri: "Bu akşam, ... ülkesindeki Hristiyan hizmetkârlar için dua edelim."
• Tövbe edilmeyen ve bariz olan günahları disiplin altına alma noktasında kilisece sahip olunan ortak bir isteklilik.
• Disiplin işleme konulmadan önce tövbe etmeyen günahkâra ulaşma çabasıyla ortaya konan büyük bir sevgi: "Lütfen! Bu mesaj sana ulaştıysa, seninle görüşmek isteriz."

Bunlar, Hristiyanların dua etmesi ve uğrunda çalışması gereken kilise büyümesinin sadece birkaç örneğidir. Sağlıklı kiliseler sayıca büyürler mi? Genellikle büyürler çünkü Müjde'ye, insanları çekecek bir şekilde tanıklık ederler. Ama kesinlikle ve kesinlikle büyüyeceklerini varsaymamalıyız. Bazen Tanrı'nın kendi halkını sabra çağırmak gibi başka amaçları vardır. Odak noktamız sadakat ve gerçek ruhsal gelişim olarak kalmalıdır.

Sağlıklı Bir Kilisenin Temel İşaretleri

Peki bu büyümeye sebep olan şey nedir? Kutsal Kitap'ın açıklayıcı bir şekilde vaaz edilmesi. Sağlam bir Kutsal Kitap teolojisi. Müjde merkezli olmak. Bir de Mesih'e dönme, müjdeleme, üyelik, disiplin ve önderlikle ilgili Kutsal Kitap'a dayalı bir anlayışı!

Ancak eğer kiliseler yalnızca pastörlerin düşüncelerinin öğretildiği, Tanrı'nın tapınılmaktan çok sorgulandığı, Müjde'nin seyreltildiği ve müjdelemenin saptırıldığı, kilise üyeliğinin anlamsız bir hale geldiği ve pastörün olduğu yerde dünyevi kişiliklerin büyümesine izin verildiği bir yerse, bu durumda birbiriyle uyumlu olan ya da birbirini ruhça geliştiren bir topluluk bulmayı da pek bekleyemeyiz. Böyle bir kilise Tanrı'yı yüceltmez.

Mesih'in benzerliğinde büyüyen üyelerden oluşan bir kiliseyle karşılaştığınızda, yücelik kime gitmektedir? Yüceliği alan Tanrı'dır çünkü Pavlus'un dediği gibi, "Tohumu ben ektim, Apollos suladı. Ama Tanrı büyüttü. Önemli olan, eken ya da sulayan değil, ekileni büyüten Tanrı'dır" (1.Ko. 3:6-7; Kol. 2:19).

Aynı şekilde, Petrus erken dönemdeki bir grup Hristiyan'a yazdığı ikinci mektubu şöyle sonlandırır: "Öte yandan Rabbimiz ve Kurtarıcımız İsa Mesih'in lütfunda ve O'nu tanımakta ilerleyin. Şimdi ve sonsuza dek O'na yücelik olsun! Amin" (2.Pe. 3:18). Büyümemizin kendimize zafer ve görkem kazandıracağını düşünebiliriz. Ama Petrus şöyle diyor: "İnanmayanlar arasında olumlu bir yaşam sürün. Öyle ki, kötülük yapanlarmışsınız gibi size iftira etseler de, iyi işlerinizi görerek Tanrı'yı, kendilerine yaklaştığı gün yüceltsinler" (1.Pe. 2:12). Petrus açıkça gördüğümüz gibi, İsa'nın sözlerini hatırlamıştır. İsa, "Sizin ışığınız insanların önünde öyle parlasın ki, iyi işlerinizi görerek *sizi yüceltsinler*" mi diyor? Hayır! "... *göklerdeki Babanız'ı yüceltsinler*" diyor (Mat. 5:16). Hristiyanların öğrenciliğini ve büyümesini destekleyip bu uğurda emek göstermek, sağlıklı bir kilisenin bir başka işaretidir.

ON ÜÇÜNCÜ BÖLÜM

SAĞLIKLI BİR KİLİSENİN TEMEL İŞARETLERİNDEN BİRİ: KUTSAL KİTAP'A DAYALI KİLİSE ÖNDERLİĞİ

Sağlıklı bir kilisede kim, hangi şekillerde önderlik etmektedir? Müjde'nin sadakatle vaaz edilmesini sağlamak için çaba gösteren topluluk mu? Evet (Gal. 1). Kilisede yapılması gereken işleri yaparak hizmet eden diyakonlar mı? Evet (Elç. 6). Tanrı'nın Sözü'nü sadakatle vaaz etmekte olan pastör mü? Evet (2.Ti. 4). Ancak Kutsal Kitap, kiliselere sağlıklı olmaları adına bir önderlik armağanı daha sunuyor ve bu da ihtiyarlık konumudur.

Elbette Kutsal Kitap'ta kilise önderliği hakkında söyleyebileceğimiz pek çok yararlı şey vardır ancak ben yine de, öncelikle ihtiyarlar konusuna odaklanmak istiyorum. Çünkü birçok kilisenin neyi kaçırdığını bilmediğinden korkuyorum. Bir pastör olarak duam şu: Mesih topluluklarımızı öyle adamlarla doldursun ki, bu adamların bir çoban olarak sahip olduğu ruhsal armağanlar ve kaygılar, Tanrı'nın onları ihtiyarlığa çağırdığını ortaya koyar nitelikte olsun. Tanrı böyle birçok adamı hazırlasın!

Eğer Tanrı kilisede belirli bir adamı örnek bir karakter, pastörel bilgelik ve öğretiş armağanlarıyla özel bir şekilde bereketlemişse ve eğer edilen dualardan sonra, kilise de bu noktaları fark etmişse, o zaman bu kişi bir ihtiyar olarak ayrılmalıdır.

Elçilerin İşleri 6. bölümde Yeruşalim'deki genç kilise, yiyeceklerin dullara dağıtılışı konusunda çekişmeye başladı. Elçiler bu nedenle kiliseden, bu dağıtımı daha iyi denetleyecek birkaç adam seçmelerini istedi. Elçiler kendilerini "duaya ve Tanrı sözünü yaymaya" adayabilmek adına bu özel görevi devretmeyi seçtiler (Elç. 6:4).

Bu, en kısa şekilde söylemek gerekirse, Yeni Antlaşma'nın geri kalanında da ortaya çıktığı şekliyle ihtiyarlar ve diyakonlar arasındaki bir tür iş bölümü olarak karşımıza çıkmaktadır. Diyakonlar kilisenin fiziki işlerini sürdürürken, ihtiyarlar özellikle kilise için duaya ve Söz hizmetine adanmışlardır.

Kiliseler olarak bunun sizin için ne kadar büyük bir armağan olduğunu görmeye başladınız mı? Tanrı aslında şöyle demektedir: "Aranızdan birkaç adam alacağım ve sizin için dua etmeleri ve size benim hakkımda öğretmeleri için onları ayıracağım."

Her ne kadar bazı kişilere diyakon veya direktör gibi farklı unvanlar verilebilse de, tüm kiliselerde ihtiyarların işlevlerini yerine getirmek için belirlenmiş bireyler vardı. Bu görev için kullanılan üç Yeni Antlaşma unvanı, *episkopos* (gözetmen), *presbiteros* (ihtiyar) ve *poimain*dir (çoban veya pastör). Üçü de Elçilerin İşleri 20:17 ve 20:28'de olduğu gibi, aynı adamlar için kullanılmıştır.

Müjdeci akım içerisindeki kişiler "ihtiyar" kelimesini duyduğunda, çoğu hemen "Presbiteryen" diye düşünür. Yine de ilk Topluluçular (Büyük harfle T çünkü resmi bir kilise grubuna işaret ediliyor) on altıncı yüzyılda ihtiyarlığın Yeni Antlaşma kiliseleri için bir görev olduğunu öğretmişlerdir. On sekiz ve on dokuzuncu yüzyıl boyunca Amerika'da her yerde, Baptist kiliselerde de ihtiyarların varlığı görülebilirdi. Aslında, Güney Baptist Konvansiyonu'nun ilk başkanı W. B. Johnson bu konuda 1846 yılında bir yazı yazmış ve Baptist kiliselerini, Kutsal Kitap'a uygun bir uygulama olduğundan dolayı çoğul ihtiyarlık sistemini kullanmaya çağırmıştır.

Baptistler ve Presbiteryenler, ihtiyarlar konusunda iki alanda farklı fikirdedirler (ve buradaki konunun Baptist veya Presbiteryen olmayanlar için de geçerli olduğunu düşünüyorum). İlk ve en temel olarak, biz Baptistler toplulukçuyuz (küçük harfle t çünkü bir uygulamaya atıfta bulunuluyor). Bizler Kutsal Kitap'ın, son kararların kilise bedenindeki herhangi birine veya kilise ihtiyarlarına değil, bir bütün olarak topluluğa ait olduğunu öğrettiğine inanıyoruz. İsa kendi öğrencilerine günahkâr bir kardeşi günahıyla yüzleştirme konusunu öğretirken ihtiyarların değil, bir episkoposun ya da bir papanın değil, bir Konsey ya da bir Konvansiyonun değil, ancak topluluğun başvurulacak son makam olduğunu söyledi (Mat. 18:17). Elçiler, az önce bahsettiğimiz gibi diyakon olarak görevlendirilmek için birkaç adam aradıklarında, kararı topluluğa bıraktılar.

Pavlus'un mektuplarında da topluluk nihai sorumluluğu üstleniyor gibi görünmektedir. 1. Korintliler 5'te, Pavlus bir insanın günahını görmezden geldiği için pastör, ihtiyarlar veya diyakonları değil, topluluğu suçlamaktadır. 2. Korintliler 2'de, Pavlus topluluğunun çoğunu hatalı bir üyeyi disipline ederken yaptıklarına atıfta bulunmaktadır. Galatyalılar 1'de, Pavlus duymakta oldukları yanlış öğretileri yargılamaları için bizzat topluluklarını göreve çağırmaktadır. 2. Timoteos 4'te, Pavlus sadece sahte öğretmenleri değil, aynı zamanda duymak istediklerini kendilerine öğretmeleri için onlara para vermiş olanları da kınamaktadır. İhtiyarlar önderlik eder ama bunu Kutsal Kitap'a uygun ve gerekli olarak, topluluk tarafından kabul edilen sınırlar içinde yapar. Bu anlamda, bir Baptist kilisesindeki ihtiyarlar ve diğer yönetim kurulu veya komite üyeleri, nihayetinde tüm topluluk karşısında birer danışman kapasitesinde hareket ederler.

İkincisi, Baptistler ve Presbiteryenler ihtiyar rolleri ve sorumlulukları üzerinde genellikle farklı fikirde olmuşlardır. Bunun nedeni Pavlus'un Timoteos'a yazdığı aşağıdaki sözlerle ilgili farklı anlayışlara sahip olmalarıdır: "Topluluğu iyi yöneten ihtiyarlar, özellikle Tanrı sözünü duyurup öğretmeye emek verenler iki kat saygıya layık görülsün" (1.Ti. 5:17). Presbiteryenler, bu ayetten bunun yöneten ihtiyarlar ve öğreten ihtiyarlar olmak üzere iki sınıf ortaya çıkardığını anlamaktadırlar. Baptistler bu kesin ayrımı kabul etmemekle birlikte, buradan bir grup ihtiyar arasında bazı kişilerin pratik sebeplerle vaaz ve öğretişe daha çok odaklanması gerektiği anlamını çıkarırlar. Ne de olsa, Pavlus Timoteos'a yazdığı mektupta daha önce her ihtiyarın temel niteliğinin "öğretmeye yetenekli" olmak olduğunu söylemiştir (1.Ti. 3:2; ayrıca bkz. Tit. 1: 9). Bu nedenle Baptistler, Kutsal Yazılar'ı öğretemeyen ihtiyarların atanmasının uygun olmadığını düşünmüşlerdir.

On sekizinci yüzyılda Baptistler ve Presbiteryenlerin genellikle hemfikir olduğu bir mesele, her yerel kilisede çok sayıda ihtiyar (veya çoğul) olması gerektiğiydi. Yeni Antlaşma, belirli bir topluluk için belirli bir sayıda ihtiyar önermez ancak açıkça ve tutarlı bir şekilde bir yerel kilisenin "ihtiyarlarına" çoğul bir şekilde atıfta bulunur (örn. Elç. 14:23; 16:4; 20:17; 21:18; Tit. 1:5; Yak. 5:14).

Günümüzde Baptist kiliseleri bu noktanın gittikçe daha fazla farkına varırken, aynı zamanda diğer birçok mezheptaki kiliseler, yani bağımsız kiliseler de bu temel Kutsal Kitap fikrini giderek kabul etmektedirler.

Sağlıklı Bir Kilisenin Temel İşaretleri

Çoğul ihtiyarlık, pastörün kendine özgü bir rolü olmadığı anlamına gelmez. Yeni Antlaşma'da, bir topluluktaki tüm ihtiyarlara uygulanamayacak olan, vaaz ve vaizlerle alakalı birçok referans vardır. Örneğin Korint'te, Pavlus tam zamanlı olmayan ihtiyarların yapamayacağı bir şekilde kendisini kilisede vaaz vermeye adamıştı (Elç. 18: 5; 1.Ko. 9:14; 1.Ti. 4:13; 5:17). Ayrıca görünen o ki, vaizler özellikle vaaz verme amacıyla yeni bir yere taşınıyorken (Rom. 10:14-15), ihtiyarların o toplumda daha kurulu bir düzeni vardı (Tit. 1:5).

Tanrı'nın Sözü'nü düzenli olarak ilan eden bir ses olarak, sadık bir vaiz muhtemelen bir topluluğun ve diğer ihtiyarların kendisine eşitler arasında birinci ve "özellikle" iki kat saygıyla davrandığını görecektir (1.Ti. 5:17). Yine de, vaiz ya da pastör, temelde sadece birer ihtiyardır ve topluluk tarafından bu kapasitede hizmet etmek için çağrılan diğer her adamla resmiyette eşittir.

Bir pastör olarak, Yeni Antlaşma'da gördüğümüz şekliyle uygulamada çobanlık sorumluluğunu toplulukta kökleşmiş başka adamlarla paylaşmanın ne kadar faydalı olduğunu kendi şu ana kadarki tecrübelerimden yola çıkarak da onaylayabilirim.

Kiliseyi ilgilendiren ancak tüm üyelerin dikkatini gerektirmeyen kararlar tek başına pastöre değil, bir bütün olarak ihtiyarlara düşmelidir. Bu bazen külfetli olabilir ancak bunun muazzam faydaları vardır. Pastörün armağanlarını şekillendirir, bazı kusurlarını telafi eder ve yargılarında kendisine yardımcı olur. Bu, kararlar almada topluluğa destek olur, birlik olmalarına yardımcı olur ve önderlerin haksız eleştirilere daha az maruz kalmalarını sağlar. Önderliği daha köklü ve kalıcı hale getirir ve daha olgun bir süreklilik sağlar. Kiliseyi ruhsal anlamda daha fazla sorumluluk almaya teşvik eder ve kilisenin, çalışanlarına daha az bağımlı hale gelmesine yardımcı olur.

Bu çoğul ihtiyarlık uygulaması bugün Baptist kiliseler arasında nadirdir ama Baptistler ve diğerleri arasında bu yönde, tesadüf değildir ki, artan bir eğilim vardır. Yeni Antlaşma kiliselerinde buna ihtiyaç vardı ve buna şimdi de ihtiyaç vardır.

Birçok modern kilise, ihtiyarları kilise personeli veya diyakonlarla karıştırmaktadır. Diyakonlar da, gördüğümüz gibi Elçilerin İşleri 6'ya dayanan bir Yeni Antlaşma görevini yerine getirmektedirler. Her ne kadar iki görev arasında herhangi bir mutlak ayrım yapmak zor olsa da, diyakonlar genellikle genel idare, sürdürme ve ihtiyaç içerisinde olan kilise üyeleriyle ilgilenmek gibi kilise yaşamının gündelik detaylarıyla ilgilenirler. Bugün birçok kilisede, diyakonlar ya ruhsal gözetim rolünü üstlenmiş ya da bunu tamamen bir pastörün ellerine bırakmış durumdadırlar. İhtiyarlar ve diyakonların rolleri arasındaki ayrımı tekrardan sağlamak kiliselere fayda sağlayacaktır. Kiliseler bu iki tür göreve de gerek duymuyorlar mı?

İhtiyarlık benim bir pastör olarak bulunduğum konumdur. Vaaz eden baş ihtiyarım. Ama kilisenin gelişmesi için bir grup ihtiyarla birlikte çalışıyorum. Bu kişilerin bazıları kadroda ama çoğunluğu kadroda değil. Dua etmek, konuşmak ve diyakonlar veya tüm kilise için öneriler oluşturmak amacıyla düzenli olarak buluşuyoruz. Bu adamların hem beni hem de tüm topluluğumuzu, çobanlık yükünü ve ayrıcalığını paylaşarak ne kadar çok sevdiklerini söylemek, bunu kelimelere dökmek zor. Bu hizmetkâr kardeşler için Tanrı'ya sürekli şükrediyorum.

İhtiyarlığın uygulamada değerli olan bir Kutsal Kitap fikri olduğu açık ve nettir. Kiliselerimizde uygulanırsa, pastörlerin omuzlarındaki yükü kaldırarak ve hatta kendi yaptıkları küçük zorbalıkları dahi kiliselerinden kaldırarak onlara oldukça yardımcı olabilir. Dahası, Pavlus'un ihtiyarlık kurumu için listelediği

Sağlıklı Bir Kilisenin Temel İşaretleri

karakter nitelikleri, öğretme yeteneği haricinde, her Hristiyan'ın kazanmak için çalışması gereken niteliklerdir (1.Ti. 3; Tit. 1). Topluluğa açık bir şekilde bazı bireyleri birer örnek olarak onaylamak, diğer Hristiyanlar ve özellikle de Hristiyan erkekler için bir model sunmaya yardımcı olur. Gerçekten de, Tanrı'ya yaraşır, muhakeme kabiliyetine sahip, güvenilir adamları ihtiyar olarak kabul etme uygulaması, sağlıklı bir kilisenin bir başka işaretidir.

ON DÖRDÜNCÜ BÖLÜM

SONUÇ:
TEORİDEN UYGULAMAYA

"**Bu kiliseden birçok kez** ayrılmak istedim. Günahla mücadele ve başkalarına hizmet etme hakkındaki tüm konuşmalar... kendileri günahkâr oldukları hâlde benden hesap vermemi bekleyen şu insanlar..." Geçenlerde kilisemdeki bir ihtiyar bunları söyledi.

Ayrıca şöyle devam etti: "Ama sorunun tam da bu olduğunun farkındayım çünkü hâlâ günahkârım ve günahtan kurtulmak istiyorum. Hesap verme sorumluluğuna, örneklere, ilgiye, sevgiye ve dikkate ihtiyacım var. Benliğim bunların hepsinden nefret ediyor! Ama bunlar olmasaydı, muhtemelen karımdan boşanmış olurdum. Sonra ikinci, sonra üçüncü bir eş ve çocuklarımla asla beraber yaşayamazdım. Tanrı lütfunu gösteriyor ve kilisesi aracılığıyla beni gözetiyor."

Sağlıklı, yani Tanrı'nın kendi Sözü'nde açıkladığı karakterini aynı şekliyle, gittikçe daha da fazla yansıtan kiliseler her zaman barınılacak en kolay yerler değillerdir. Vaazlar uzun olabilir. Beklentiler yüksek olabilir. Günahla ilgili konuşmalar muhtemelen birçok kişiye çok fazla gelecektir. Paydaşlık, en azından bazen, insanlara kendilerine fazla müdahale ediliyormuş gibi hissettirebilir. Ama buradaki kilit nokta, *gittikçe daha da fazla* ifadesidir. Eğer Tanrı'nın karakterini *gittikçe daha da fazla* yansıtıyorsak, bundan dolayı yaşamımızın bazı yönlerinin, bireysel ve topluluk olarak, O'nun karakterini yansıtmadığı akla gelmektedir. Demek ki, aynada temizlenmesi gereken lekeler, camda düzleştirilmesi gereken eğrilikler vardır. Bu çaba gerektirir.

Ayrıca karşılıklı sevgimiz ve gözetimimiz Tanrı'nın sevgisini ve gözetimini yansıttığı için, Tanrı tüm inayetiyle bizi Hristiyan yaşamını birlikte yaşamaya çağırdı. Dünyada ilişkiler, bağlılık anlamına gelir. Elbette kilisede de bu böyledir. Tanrı büyümemizin asla ıssız bir adada başka bir kişiyle görüşmeden gerçekleşmesini değil, birbirimizle ve birbirimiz aracılığıyla gerçekleşmesini istemiştir.

Öyleyse, sağlıklı bir kilise sevinci bilir mi? Böyle bir kilise kesinlikle sevinci bilir! Gerçek değişimin sevincini bilir. Zincirlerin kırılmasından doğan sevinci bilir. Anlamlı paydaşlığın ve gerçek birliğin sevincini bilir. Burada amaç yalnızca birlik değil, ortak bir kurtuluşun ve tapınmanın etrafında oluşan türden bir birliktir. Mesih'in sevgisine benzer bir sevginin verilmesi ve alınmasından doğan sevinci bilir. En harikası da, "Rab'bin yüceliğini görerek yücelik üstüne yücelikle O'na benzer olmak üzere değiştiriliyoruz" diyebilmenin sevincini bilir (2.Ko. 3:18).

Üçüncü emirde, Tanrı insanları adını boş yere ağızlarına almamalarına dair uyarmıştır (Çık. 20:7; Yas. 5:11). Tanrı'nın amacı yalnızca küfrü yasaklamak değildi. Aynı zamanda ismini kendi üzerimize alıp yaşamlarımızla kendisi hakkında yanlış şeyler göstermememiz konusunda da bizi uyarmıştır. Bu emir kilise olarak bizim içindir.

Sonuç: Teoriden Uygulamaya

Bugün birçok kilise hastadır. Bencil çıkarlarımızı ruhsal büyümeyle karıştırıyoruz. Duygusallığı gerçek ibadetle karıştırıyoruz. Dünyasal onayı, genellikle dünya tarafından reddedilmeyle sonuçlanan bir yaşama dair tanrısal onayın üstünde tutuyoruz. İstatistiksel açıdan durumları ne olursa olsun, günümüzde birçok kilise, büyüyen ve canlı olan bir kiliseyi diğerlerinden ayıran Kutsal Kitap'a dayalı işaretler konusunda çok da kaygılanıyormuş gibi görünmüyorlar.

Kilisenin sağlığı tüm Hristiyanları, özellikle de kilisede önderliğe çağrılanları ilgilendirmelidir. Kiliselerimiz, Tanrı'yı ve O'nun yaratılışa verdiği görkemli Müjde'yi sergilemek için vardır. Hep birlikte yaşamlarımızla O'na yücelik vermeliyiz. Bunu sergileme yükü, bize verilmiş harika bir sorumluluk ve mükemmel bir ayrıcalıktır.

Şimdi başladığımız yere geri dönelim. Bir kilisede aradığınız şey nedir? Sizin ve toplumunuzun değerlerini yansıtan bir kilise mi, yoksa bu dünyadan olmayan ve Tanrı'nın görkemli karakterini yansıtan bir kilise mi arıyorsunuz? Bu iki seçenek arasından hangisi karanlıkta kaybolan bir dünya için tepede daha iyi bir ışık sunacaktır?

Dokuz işaretin her biri hakkında daha kapsamlı bir tartışma için, *Nine Marks of a Healthy* Church (Crossway, 2004) kitabına bakabilirsiniz. Sağlıklı bir kilise inşa etme konusunda daha pratik bir yaklaşım içeren, Paul Alexander ve benim yazdığım *The Deliberate Church* adlı kitaba bakabilirsiniz. Bir kilisenin düzeni, özellikle üyelik, ihtiyarlar, diyakonlar ve topluluçuluk hakkında daha fazla bilgi için, *A Display of God's Glory* (9Marks, 2001) kitabına bakabilirsiniz. Son olarak, www.9marks.org adresinden kilise olarak birlikte yaşam hakkında makaleler, sesli vaazlar, kitaplar ve online eğitimlere ulaşabilirsiniz.

KİLİSE SIRALARINDA OTURANLARA BİR NOT

Bu kitaptaki içeriklerden herhangi biri sizi etkileyip teşvik ettiyse, kilisede değişime yönelik yapacağınız önerileri pastörlerinize ne şekilde sunacağınıza dikkat edin. Dua edin, hizmet edin, teşvik edin, kendi yaşamınızla iyi bir örnek olun ve sabredin. Sağlıklı bir kilise, belirli bir şekilde görünen bir yer meselesi değil, doğru bir şekilde seven bir halk meselesidir. Ayrıca sevgi, hoşumuza gitmeyen durumlar karşısında en iyi şekilde gösterilir. Sadece düşün, sevgili Hristiyan, Mesih'te nasıl sevildiğimizi düşün!

PASTÖR İÇİN BİR NOT

Bu kitaptaki içeriklerden herhangi biri sizi etkileyip teşvik ettiyse, kilisenizde nasıl değişiklik yaptığınıza dikkat edin. Sabırlı olun, insanları sevin ve Tanrı Sözü'nü vaaz edin.

EK BÖLÜM: SAĞLIKLI BİR KİLİSE ANTLAŞMASI ÖRNEĞİ

İlahi Lütuf tarafından, tövbeye ve Rab İsa Mesih'e iman edip O'na teslim olmaya getirilmiş olarak ve iman ikrarımız üzerine Baba, Oğul ve Kutsal Ruh adına vaftiz edilmiş olarak, şimdi O'nun yüce yardımına bel bağlıyor ve ciddiyet ve sevinçle birbirimizle olan antlaşmamızı yeniliyoruz.

Esenlik bağı içinde Ruh'un birliği için çalışacağız ve dua edeceğiz.

Bir Hristiyan kilisesinin üyeleri olarak kardeşçe sevgide birlikte yürüyecek, birbirimizi sevgiyle gözetecek ve gerektiğinde sadakatle birbirimizi uyaracak ve yola gelmek adına birbirimize yakaracağız.

Bir araya gelmekten vazgeçmeyecek, kendimiz ve başkaları için dua etmeyi ihmal etmeyeceğiz.

İlgilenmekte olduğumuz birçok kişiyi Rab'bin öğüdü ve besiniyle büyütmeye çalışacağız ve saflık ve sevgiyle örnek olarak, ailelerimizin ve arkadaşlarımızın kurtuluşunu arayacağız.

Birbirimizin mutluluğuna sevinecek ve birbirimizin yüklerini ve acılarını taşımak için şefkatle çabalayacağız.

İlahi yardımla, dünyada dikkatli bir şekilde yaşamaya, Tanrı karşıtlığını ve dünyasal arzuları reddetmeye çalışacağız ve vaftizle gönüllü olarak gömülmüş ve manevi anlamda mezardan tekrar dirilmiş olduğumuz için, yeni ve kutsal bir yaşam sürmek üzere özel bir sorumluluğumuz vardır.

Kilisede tapınmayı, ruhsal törenleri, disiplini ve öğretileri sürdürerek, sadık bir müjdeci hizmetin devamı için birlikte çalışacağız. Hizmetin desteklenmesine, kilisenin giderlerine, yoksulların rahatlatılmasına ve Müjde'nin tüm uluslara yayılmasına neşeyle ve düzenli olarak katkıda bulunacağız.

Buradan ayrıldığımızda, mümkün olan en kısa sürede, bu antlaşmanın ruhunu ve Tanrı'nın sözünün ilkelerini gerçekleştirebileceğimiz başka bir kiliseyle birleşeceğiz.

Rab İsa Mesih'in lütfu, Tanrı'nın sevgisi ve Kutsal Ruh'un paydaşlığı bizimle olsun.

Amin.

ÖZEL TEŞEKKÜRLER

Birçok insan sağlıklı bir kilisenin ne olduğunu anlamama ve deneyimlememe yardımcı olmuş olsa da, bunlardan ikisi bu kitaba özellikle katkıda bulundu.

Matt Schmucker ilk olarak kilisede bulunan bazı makaleleri bir kitapçığa çevirme fikrini önermişti ve o kitapçık da sonradan bu kitaba dönüştü. Kendisi bu kitaptaki düşünceleri daha geniş bir şekilde kullanılabilir hale getirme noktasında devamlı bir teşvik oldu. O olmasaydı, sanırım bu kitap hiç ortaya çıkmazdı.

Jonathan Leeman'ın bu kitapta sunmuş olduğu yardım da o kadar büyük ki, kitabın kapağına "Mark Dever ve Jonathan Leeman" yazmayı bile düşündüm. Günün sonunda, bana ait olan içerik miktarı, bunların önceki 9 Marks kitapçığıyla tanımlanması ve yazılma şekli ("ben" derken, gerçekten yaşamımdan örneklerle kendime atıfta bulunuyor olmam) nedeniyle, kitabı benim adımda bırakmaya karar verdim. Bununla beraber Jonathan, Bay Burun ve Eller benzetmesini, Tanrı'nın Sözü'nün kullanımıyla ilgili Yeni Antlaşma ifadelerinin uzun listesini ve kitabın ilk yarısının diğer kısımlarını yazdı. Eski kitapçığı bu yeni, genişlemiş—ve umarız daha kullanışlı—formatta yeniden düzenleme ve düzeltmede mükemmel bir iş çıkardı. Kendisi büyük yardım gördüğüm, yetenekli bir kardeştir ve onun size kattıkları fark ettiğinden çok daha fazladır.

O'nu dinledikçe, O'na benzeyeceğiz.

9Marks

Building Healthy Churches

9Marks hizmeti, kilise önderlerini Kutsal Kitap'a bağlı bir vizyon ve kullanışlı kaynaklarla donatmak amacıyla, Tanrı'nın yüceliğini sağlıklı kiliseleri kullanarak dünyadaki bütün uluslara yansıtmak için kurulmuştur.

Bu nedenle, aşağıdaki 9 işaret, sağlıklı kiliselerde görmek istediklerimizi özetler niteliktedir:

1. Açıklayıcı vaaz;
2. Kutsal Kitap teolojisi;
3. Kutsal Kitap'a dayalı Müjde anlayışı;
4. Kutsal Kitap'a dayalı Mesih'e dönme anlayışı;
5. Kutsal Kitap'a dayalı müjdeleme anlayışı;
6. Kutsal Kitap'a dayalı kilise üyeliği anlayışı;
7. Kutsal Kitap'a dayalı kilise disiplini anlayışı;
8. Kutsal Kitap'a dayalı öğrenci yetiştirme ve büyüme anlayışı;
9. Kutsal Kitap'a dayalı kilise önderliği anlayışı.

9Marks'da bizler makaleler, kitaplar, kitap eleştirileri ve online makaleleri yayınlıyoruz. Web sitemiz çeşitli dilleri kapsıyor. Diğer dilleri görmek için lütfen şu linki ziyaret edin:

9marks.org/about/international-efforts

9marks.org

www.ingramcontent.com/pod-product-compliance
Lightning Source LLC
Chambersburg PA
CBHW071419070526
44578CB00003B/619